セクシュアル・マイノリティ（LGBT）への理解と支援

中村伸一・平田俊明 編著

はじめに

　はじめに個人的なことから述べたい。私の所属する米国家族療法アカデミーでは20年以上にわたってその年次大会で同性愛のグループ，すなわちゲイとレズビアンのセラピストたちがそれぞれに集合してアメリカ社会におけるかれらの人権や活動についての話し合いがもたれ，学会活動としてのステイトメントを発表してきた。また同じく，ジェンダーの問題に関心のある男性グループと女性グループとが別々に集い，ジェンダーの問題について，主に自分の体験から語り合うという長時間に及ぶグループワークがもたれ現在も続いている。私も男性グループに長年参加し続け，ジェンダーの問題について私なりの問題意識と自覚を深めてきた。また，2015年にはPatricia Papernowさんの『ステップファミリーをいかに生き，育むか──うまくいくこと，いかないこと』（金剛出版）を訳出する機会を得，その際の著者とのやりとりの中で，性別適合手術をうけた人のジェノグラム上の記載（記号）について，今までの記載法とまだ公認されていない著者の記載法をめぐって激論（？）をかわした。彼女は，たとえば男性が女性に転換したのだからそのまま女性として記載するのが，現在では社会的にも理に適っていると言い張るのだった。

　臨床では，ゲイの方の相談にのることが，いくつかありその悩みや性生活に触れ，はじめの頃はとまどい対応に苦慮することもたびたびあったことも思い出す。そうこうするうちにエイズ患者のカウンセリングに携わるセラピストに出会い，かれら自身の多くが，ゲイであることを知った。同業としての親近感を通じて，親しく交流することとなった。そこからかれらのLGBTムーブメントのことも知り，微力ながらチャンスがあれば応援したいとも思っていた。こうした経緯をへて，はじめのうちあった私の「ホモフォビア

（同性愛嫌悪）」も知らず知らずのうちに消えた。

　本書は，まったくもって平田俊明さん（平カウンセリングルーム）の協力のたまものである。私は，唯一，スティーブン・フィンさんに原稿を依頼し，翻訳をしたぐらいである。しかし，フィンさんの論文を読むと，いかに臨床家として注意深く繊細にジェンダークィア（genderqueer：既存の社会的規範におさまらないジェンダーという肯定的な意味合いを示す用語）のクライアントと向き合わなければいけないかがわかる。われわれは，2つの性と男性性と女性性という既存の社会が暗黙のうちに築いてきたドミナント・ストーリーのさなかで生活していることを忘れてはならないと思う。

　今や，性同一性障害（gender identity disorder）はDSM-5では，性別違和（gender dysphoria）となり，「障害」がつかなくなった。また東京では2015年に渋谷区に次いで世田谷区でも同性愛カップルが異性愛カップルと同等の権利をほんの一部認められ，マスコミ等でオープンに報道された。また一部の著名人が自分はセクシュアル・マイノリティであることを公にすることで注目を浴びたりしているが，実はこれらセクシュアル・マイノリティの人々は昔から存在してきた。当然，いわゆる異性愛者に比べるとその数は少なく，社会が抱く「ヘテロセクシュアルであるのがあたりまえ」というさなかで，息を潜めて生活したり，偏見に晒され続けてきたりもしている。さらに過去にさかのぼると文字通り社会によって「抹殺」された悲惨な歴史もある。

　実はわれわれの臨床場面にも，セクシュアル・マイノリティゆえの悩みを抱えたり，それがもとでの症状を呈して来談するクライアントもいるのだが，クライアントからそうであることを伝えてくれない場合は，多くの治療者がその可能性とそのことによる特有の悩みとして理解することは不可能に近く治療経過も良好なものにはならない。

　編者らはこうした実情を踏まえ，まずはこれらセクシュアル・マイノリティに属する人々に対する正確な理解を促し，こうしたクライアントにどのように寄り添い，支援あるいは精神療法をおこなっていったらよいのかを提供したいと思った。

　なお本書は，「精神療法」第42巻第1号（2016年）の特集「セクシュアル・

マイノリティ（LGBT）への理解と支援」を中心にまとめ，後に収録した座談会を末尾に掲載し一冊の書籍としたものであることを付記しておく。

　本書が，みなさまの臨床により広い視野を提供できるものと期待している。

中村伸一

目　次

はじめに●中村伸一　3

セクシュアル・マイノリティに関する諸概念……………………………佐々木掌子　11
「性同一性障害」から「性別違和」へ
　——DSM-5 における診断名変更の背景 ………………………針間克己　23
LGBTIQ ＋の人権をめぐる国内外の動向 ………………………………東　優子　31
セクシュアル・マイノリティの子どもを支えるスクールカウンセリング
　……………………………………………………………………葛西真記子　37
性別違和を持つ子どもへの心理的支援 ………………………佐々木掌子　47
学生相談におけるセクシュアル・マイノリティ …………………高石浩一　57
ゲイ／レズビアンのライフサイクルと家族への支援……………林　直樹　69
同性愛とクリニカル・バイアス …………………………………松髙由佳　81
セクシュアル・マイノリティとレジリエンス……………………佐々木掌子　93
セクシュアル・マイノリティとセックス ………………………林　直樹　103
日本における「同性愛」の stigmatization の歴史 ………………平田俊明　113

■特別寄稿
セクシュアル・マイノリティのクライアントを恥意識の視点から援助する
　………………………………… スティーブン・E・フィン／訳：中村伸一　123

●エッセイ
セクシュアル・マイノリティへの精神療法における倫理 ……葛西真記子　135
LGBT の子どもたちにとってのエンパワメント ………………遠藤まめた　139
同性愛に関して知っておきたい歴史上の事実…………………小原圭司　143
セクシュアル・マイノリティへの私の理解と支援 ……………山中康裕　149

■座談会
セクシュアル・マイノリティ（LGBT）への心理支援
　……………… 葛西真記子・長野　香・林　直樹・平田俊明・中村伸一［司会］　153
　　LGBT支援とのかかわりを含めた自己紹介　153
　　歴史の中で「セクシュアル・マイノリティ」はどう捉えられてきたか　162
　　日本における法整備　163
　　教育現場の現状と課題　165
　　当事者性と，当事者ではない者による支援について　169
　　スティグマの内在化　172
　　「目に見えるところ」と「見えないところ」とのギャップ　179
　　当事者性の開示について　181
　　今後の課題　184

おわりに●平田俊明　189

初出一覧　192
執筆者一覧　193

セクシュアル・マイノリティ（LGBT）への理解と支援

セクシュアル・マイノリティに関する諸概念

佐々木掌子

はじめに

　「類型論と特性論」「質的研究と量的研究」「カテゴリ診断とディメンション診断」など，心理学や精神医学の領域では，対象を捉えるときの〈視点〉に注意が払われてきた。セクシュアリティの領域もまた，例外ではない。性の多様性，性はグラデーションなどと言われるようになったのも，男女二分法であったセクシュアリティへの疑義が噴出し，多様性を前提にした性のありようへの舵取りが始まったためであるが，「いかに多様か」を捉える視点もまたさまざまある。性同一性障害（Gender Identity Disorder : GID）という概念の流布は，そのような状態が存在することを世間に知らしめつつ，「本物の性同一性障害とは」という視点での論考を促進してきた。一方で，多少なりとも性別を越境する行為を含んでいれば，その性別表現や，アイデンティティのもちかたには多様性が内包されているとして，「さまざまなトランスジェンダーの生き方」という視点での論考もまた促されてきた。

　本稿では，セクシュアル・マイノリティの諸概念を紹介するにあたり，①性のカテゴリの視点と②性の構成要素の視点という2つの視点から捉える。これにより，クライエントと関わる際に，どう寄り添いどう支援するかを考える材料として，ささやかながら寄与することを願う。

I 性のカテゴリの視点

1. カテゴリの功罪

　わたしたちは，混沌とした多様な世界を捉えるために，カテゴリ化によって，物事を単純化し，整理し，知覚可能にすることで，外界への適応を図っている。カテゴリ化は，ヒトの適応にとって必要不可欠な認知プロセスである。セクシュアリティに関しても，さまざまなカテゴリが存在しているが，カテゴリ化によって秩序立てた理解が促進され，人を個人として捉える複雑な理解から解放される。このように認知的負荷が低減されると「スムーズな判断」や「理解し得た」という快感を得ることができる。

　このような側面は，カテゴリの「功」である。男性にも女性にも性的な魅力をまったく感じないという人が，その状態に「無性愛」というカテゴリが付与されていることを知れば，多少なりとも安堵感を得ることができるかもしれない。同様に，他者もそのような人と接した時，カテゴリを知ることで安堵感を得ることができるだろう。特に，対人援助職など，多様な人々と対峙することが日常となっている人にとっては，カテゴリは思考の節約となるので，簡便で便利である。このように，私たちは，カテゴリを欲する。

　一方，「罪」の側面にも触れたい。カテゴリは，大雑把な区分である。人の数だけあるセクシュアリティを"場合分け"すると無数にのぼることは，人のセクシュアリティの豊かさを思えば，当然のことである。たとえば前述のように「無性愛」だと自己認識した人が，あなたに，「マスターベーションをするとき，誰かと自分がセックスしているファンタジーを抱くこともある」と語り始めたらどうであろうか。個人の性現象が捨象され，カテゴリ化されると，実際のその人の性のありようを丁寧に繊細に捉えられなくなることがわかる。カテゴリに拘泥すると，「ぴったりとカテゴリに当てはめる」ことが最優先課題となり，無理にでもカテゴリ内に落とし込もうとしてしまう。セクシュアリティ理解としては本末転倒だろう。

　このように，カテゴリには功罪があり，カテゴリ存在は簡便性や安堵感を与える一方で，カテゴリ拘泥は真実との隔たりや混乱をもたらすことがある。

2. LGBTTIQQ2SA/LGBTTQQIAAP

　上記のように，カテゴリの功罪を踏まえた上で，セクシュアル・マイノリティのカテゴリを紹介する。

　セクシュアル・マイノリティのカテゴリとしてよく知られているのが「LGBT」という用語である。これらカテゴリは医療概念ではなく，当事者が自分自身を自己定義するための用語として欧米社会で使用され，政策や活動が活発化した。Lesbian（レズビアン：同性愛女性）のL，Gay（ゲイ：同性愛男性）のG，Bisexual（バイセクシュアル：両性愛者）のB，そして，Transgender（トランスジェンダー：割り当てられた性別とは異なる性別に帰属する者）のTの頭文字を繋げ，LGBTと示す。日本語の「レズ，ホモ，オカマ，オナベ」は侮蔑語として知られ，レズは「レズビアン」，ホモは「ゲイ」，オカマ・オナベは「トランスジェンダー」と表現することが一般的である。

　この4カテゴリは，欧米のさまざまなセクシュアル・マイノリティ運動において，可視性の高い集団であったことから頭文字として挙がってきたものだが，カテゴリは当事者が声を上げ，定義をすることにより，増加していくものである。その後，たとえばカナダのトロントでは，LGBTTIQQ2SAとコミュニティペーパー等に記されるようになった。LGBTまでは同様の頭文字だが，その後のTは，Transsexual（トランスセクシュアル：割り当てられた性別とは異なる性別へ移行をし，さらに性別適合手術を受けている者），Iは，Intersex（インターセックス：身体的性別の分化が非典型である者），Qは，Questioning（クエスチョニング：自分のセクシュアリティを探求中の者），Queer（クィア：「クィア（変態）」という意味をあえて逆手に取り自己規定をする者），2Sは，Two-Spirit（トゥースピリット：北米インディアンのコミュニティ内で伝統的に使用されている用語で，男女両方の魂を持つ者），AはAllies（アライ：シスジェンダー[注1]や異性愛者であっても，多様な性に対する平等性への支持をし，公然と声を上げる者）である。

　また，LGBTTQQIAAPという表現も挙げられる。LGBTTQQIAまでは前述の通りであるが，2つ目のAはAsexual（エイセクシュアル[注2]：無性愛者。

注1）割り当てられた性別と同じ性別に帰属する者。

他者に好意を持つ際に,性愛や恋愛の感情を伴わない者),Pは Pansexual(パンセクシュアル：全性愛者。恋愛や性愛の対象として相手の性別は関係ない者。性別二分法的に性的魅力を感じるわけではない点で,両性愛者と異なる)を指す。現在,さらに頭文字が増え続けているため,LGBTQ＋のように＋(プラス)と,以下のカテゴリを省略する表記もある。セクシュアリティを巡る自己規定カテゴリがいかに多数存在するかの傍証であろう。

Ⅱ　性の構成要素の視点

　以上,カテゴリを紹介したが,たとえば,男性から女性に性別移行をした人の中で,女性に性的魅力を感じる人がいるように,カテゴリを重複してアイデンティティを持つこともある。この場合は,レズビアン(L)のトランスジェンダー(T)女性ということになるが,「女性に性的魅力を感じる」とひとことで言っても,「どのような状況でも,幼少期から現在に至るまで変わらず女性に向くのか」,という視点で捉えなおしたとき,カテゴリ理解よりも,性の構成要素という観点から,その各構成要素の強弱や濃淡によって理解することのほうが,個人のセクシュアリティの実際により迫ることができるだろう。

　本稿では,性の4つの構成要素について述べる。①身体的性別,②性同一性,③性役割,④性的指向,である。これら以外にも性的反応や生殖などさまざまな要素があるが,それらの非典型性を「セクシュアル・マイノリティ」として取り上げる傾向があまり見られないことから,割愛する。性的嗜好[注3]の非典型性に関しては,「セクシュアル・マイノリティ」に含めるべきであるという議論はあるが,紙幅の関係上,割愛した。

　これら性の4つの構成要素は,いずれも独立概念であることを認識するこ

注2)　AsexualのAは打ち消しのAのため英語の読み方はエイセクシュアルとなるが,和製英語的にアセクシュアルとしばしば表記されることがある。

注3)　性的嗜好とは,性的な興奮を喚起する際の好みを指す。人の性的嗜好は豊かであり,さまざまなファンタジーや行動を駆使して楽しまれるものである。自傷他害の恐れがなく,他者の同意や自己の受容がある限りにおいて,その好みは尊重される。

戸籍上の性別	女性	男性
身体的性	女性的特徴 / 男性的特徴	
性同一性 gender identity	女性 / 男性 / 規定されない性別	
性役割 gender role	典型女性役割 / 典型男性役割	
性的指向 sexual orientation	女性に対して / 男性に対して / 規定されない性別に対して	

図 1　性の構成要素

とが重要である（図1）。以下では，これらの組み合わせの濃淡が，人によってそれぞれ異なることを以て，二人として同じセクシュアリティを持つ者は存在しないという意味での「性の多様性」について述べていく。

1. 身体的性：非典型の場合，「性分化疾患」

　身体的性別とは，性染色体，遺伝子，生殖腺，ホルモン，内性器，外性器などの性的特徴を指す。「身体的性別は男性」「身体的性別は女性」と質的に捉えることが一般的だが，これらの身体的性別の要素もまた，量的・連続的に捉えうるものがある。たとえば，女性ホルモンと一般にいわれるエストロゲンや男性ホルモンと一般にいわれるアンドロゲンは，女性でもアンドロゲンが，男性でもエストロゲンが分泌されており，量的に捉えうる。ペニスとクリトリスの関係も同様である。解剖学的には同じ組織であるため，どこからが小さなペニスで，どこからが大きなクリトリスなのかという閾値は社会の合意であり，生物学的合意ではない。

　また，性染色体についても，XX 典型女性型と XY 典型男性型ばかりではなく，XXY や XXX や XYY や，X が1つであるケース，XX と XY のモザイクである場合もある。このように，性染色体情報だけでもさまざまなパターンが存在している。その後の性腺，内性器・外性器の性分化をする遺伝子も

さまざま同定されてきており，精管や前立腺として分化しているのか，卵管なのか，未分化なのか，あるいは卵巣・精巣のうち，どちらに分化しているのか，卵精巣性の場合どれくらいの比率なのか等，雑駁に列挙するだけでも枚挙に暇がない。身体的性別を厳密に考える場合，医療機関での身体性別検査の結果を待たねば正確には判断できない。受検経験を持つ人のほうが少数ではないかと思われるが，「身体的に男性」等の表現を私たちは特に疑問もなく用いている。

　病院で検査をされ，身体的性別の非典型性が見られると「性分化疾患（Disorders of Sex Development : DSD）」とされるが，その時期も，出生時や思春期の時ばかりでなく，たとえば不妊治療の時の検査でわかることもあるため，実子をもうけておらず，検査もしなければ，自分の身体的性別の状態をわからないまま一生を終えるともいえる。

　「インターセックス」という用語は，2006年にシカゴで開催された小児内分泌学の国際会議において「性分化疾患」と名称変更をされたものの，さまざまな身体上の性的特徴の多様性を「疾患」として捉える決定に疑義を唱える動きもあるため，「インターセックス」の名称は保持されたままである。また，DSDを Differences of Sex Development の略語と捉える流れもあることを付記しておく。

　このように，身体的性別もまたさまざまなレベルで存在し，濃淡で捉えうる。

2. 性同一性（gender identity）：
　　非典型の場合，「性別違和，性同一性障害」

　性同一性（gender identity：カタカナ表記はジェンダー・アイデンティティ。本稿では以下，性同一性と表記）とは，人が持つ，ある性別に対するアイデンティティのことをいう。「性自認の省察の連続体」ともいえ，極めて高次の認知機能だといえよう。代表的な定義としては2つ挙げられ，1つが精神分析家 Robert Stoller による「自分が所属している性別について知っているという感覚のこと」（Stoller, 1964）というもの，もう1つが内分泌心理学者であり性科学者である John Money による「男性あるいは女性，あるいはそのどちらとも規定されないものとしての個性の統一性，一貫性，持続

性」（Money, 1965）である。

　ego identity を「自我同一性」と訳すように，精神医学や心理学では，identity の定訳は「同一性」であるが，時に「性同一性の『同一』を『生物学的性と心理・社会的性とが同一』との意味に誤解している」（針間，2011）ものもあるという指摘がある。「identity の同一性とはこのような意味ではなく，自己の単一性，不変性，連続性という意味において同一」（針間，2011）であることに注意が必要である。たとえば，日本人アイデンティティは，日本人としての身体と日本人としての心理・社会的あり方が同一のことを指すのではない。日本人という集団に所属しているという感覚や，日本人としての意識の統一性，一貫性，持続性のことを指す。

　このように，性同一性は，「性同一性が男」「性同一性が女」と質的に捉える表現をすることが一般的だが，アイデンティティであるので，過去・現在・未来という時間軸と対他者・対社会という社会軸での統一性，一貫性，持続性という定義に基づくことで，量的に測定可能（佐々木・尾崎，2007）であることがわかる。たとえば男性アイデンティティの強弱を捉えるために，10年前も男性であり，今も男性であり，30年後も男性だろうという時間軸的な一貫性の感覚を測定し，また，男性としてこう在りたいと思い，他者も自分を男性だと思っているだろうと思い，そして男性として現実の社会の中で生きていっているだろうという，他者や社会も含めた統一的な感覚を測定するのである。この観点からみると，性同一性は置かれた環境で強まったり弱まったりすることがわかる。たとえば，一人も同性の人がいない場で多くの異性に囲まれていると，性同一性が強く意識されるということがあるかもしれない。あるいは，セックスがうまくいかずに自信をなくし，性同一性がうまく持てないということもあるかもしれない。

　このように「時や状況」においても個人内に強弱が見られるが，とりわけ苛烈性を極めるケースがある。これが性別違和や性同一性障害といわれる状態である。出生時に割り当てられた性別に対して一貫して同一性を持たない状態を「性別違和」と呼び，さらに，性別違和を持ちながら，それとは異なる性別への同一性を一貫して持つ場合には，「性同一性障害」という精神疾患概念が用意されている[注4]。なお，前述の「トランスジェンダー」は，非

疾患概念である。

　女性への同一性をどの程度強く持つのか，男性への同一性をどの程度強く持つのか，そして規定されない性別への同一性をどの程度強く持つのかという連続変量の観点からクライエントの有りようを捉えると，「性同一性は女」というカテゴリでは理解できなかったその人の性同一性にさらに迫ることができるだろう。"規定されない性別"については，自分を女性とも男性とも規定していない人たちが，「Xジェンダー」というカテゴリを創出し，自己規定をし始めている。これは日本特有のカテゴリである。欧米圏では「ノンバイナリー」という表現がよく使われる。

3. 性役割（gender role）：非典型の場合，疾患範疇外

　性同一性と似て非なる概念として，性役割がある。これは，ある性別に付与された役割のことであるが，社会や文化，時代によって性役割の定義は異なる。日本社会では，スカートが女性の性役割であると認識されていることが一般的と思われるが，スコットランドのキルトのように，布を腰に巻き付けるタイプの衣服が男性の性役割であるとみなす文化もある。さらには，個人によって性役割の内容が異なるところにも注意が必要である。たとえば，リーダーシップを取るのは男性役割だと定義する人もいれば，そうとはみなさない人もいる。しとやかさを女性役割だと定義する人もいれば，それに首肯しない人もいる。

　このように，定義が曖昧なため，そもそも把握が困難である。総意は困難ながらも性役割の内容を捉えようとすると，その領域は，極めて膨大であることがわかる。たとえば服装，話し方，所作，パーソナリティ，職業，趣味，嗜好，考え方，感情パターンなどが挙げられるが，さらに具体的なレベルで考えていくと何百，何千通りの項目が上がってくるだろう。それら項目すべてを強弱で表現することができるという捉え方をすれば，まったく同じ性役割志向を持つ人がいるとは想定しにくい。個人内でも気分や年齢次第で性役

注4）2022年1月より，ICD-11（国際疾病分類）では，「性別不合」と名称変更され，精神障害のコードから性の健康に関するコードへと移動した。一方，DSM-5-TRにおいては現在も「性別違和」として精神疾患に分類されている。

割志向の強弱は異なってくるだろう。「性役割は男」とカテゴリ的に表現することが憚られるほど，性役割行動の多様性は意識しやすく，それほどまでに豊かである。

　そして，性役割を性同一性とは似て非なる概念と述べたように，両者が相関はありながらも独立した概念であることを知る必要もある。たとえば，妊娠出産という女性役割行動を経験したことのない女性でも，女性アイデンティティが強い女性もいる。逆もまた然りである。女性役割行動を取っているから，女性アイデンティティが強いとは判断できないことを認識することは重要であり，個人によって性同一性に寄与する要因が異なるということを理解する必要がある。たとえば，トランス男性（出生時に女性と割り当てられ，男性に移行している人）の中で，男性に移行後，妊娠出産を経験している者もいる。こうした経験をしたうちのひとりは，「自分のお腹で日に日に新しい生命が育っていくが，自分が男性だという気持ちは安定しているし揺るぎがない」と新聞のインタビューで答えている（The Sunday Telegraph, 2014）。性同一性と性役割とがいかに独立概念として体験されているのかの証左となる語りだ。

4．性的指向（sexual orientation）：非典型の場合，疾患範疇外

　性的指向とは，恋愛や性愛の対象となる性別のことをいう。同性に向いていれば同性愛とみなされるが，この「同性」が戸籍上の性別を指すのかアイデンティティのある性別を指すのか，どちらの要素の性別を基軸とするかで混乱をきたすことがある。したがって，女性に向いているのか，男性に向いているのかという捉え方をしたほうが明瞭になりやすい。しかしながら，対象となる性別には，男性と女性だけではなく，トランスジェンダーやXジェンダーなども挙げられ，また，どの性別も対象とは成り得ないというパターンもある。対象となる「性別」が指すものを考えるだけでも，多様性に満ちていることが分かる。

　さらに，「女性を対象とする」という意味も，たとえば，マスターベーションでファンタジーを思い描くときに女性を対象としているのか，セックスの相手が女性なのか，性的な魅力を感じる相手が女性なのか，恋愛の対象が女

性なのか，仲良くなったら独占したい相手が女性なのか，憧れの対象が女性なのか等，さまざまな文脈を考えると，性的指向の強さに個人内でも変動が認められることもある。あるいは，幼児期から老年期に至るまでそれは一貫して同じ強さなのか否かということでも強弱が見られるかもしれない。

このように，性的指向も「性的指向が女性」と単純にカテゴリでは表現しきれないさまざまな側面があり，強弱で捉えうるものである。

Ⅲ 「多様な性」が示す意味

以上，LGBT 等のカテゴリとともに，身体的性，性同一性，性役割，性的指向という4つの独立した性の構成要素を紹介した。「独立している」という理解が重要である。性同一性がこうならば性役割は自動的にこうである，と定まったパターンがあるわけではなく，4つが各々個々に異なる。そして，これらの各要素をどの程度の濃淡で持っているのかがその人のセクシュアリティの個性だといえる。「セクシュアル・マイノリティがいるから性は多様だ」ということではなく，セクシュアル・マジョリティだという自覚を持つ人たちもまた，それぞれの濃淡を持つ多様な性の構成員である。このように，カテゴリでは捉えきれない"豊かさ"を内包するのがヒトのセクシュアリティだといえる。クライエントと向き合う時，このような一つひとつの要素を丁寧に拾い理解するよう努めることが，対象者自身の本来の個性に少しでも近づくことにつながるのではないか，と思われる。

文　献

針間克己（2011）性同一性って何ですか？（野宮亜紀・針間克己・大島俊之・原科孝雄・虎井まさ衛・内島豊）プロブレム Q&A 性同一性障害って何？――人一人の性のありようを大切にするために．緑風出版．

東優子（2000）ジェンダー指向をめぐる医療と社会．（原ひろ子・根村直美編）健康とジェンダー．明石書店．

Money J (1965) Sex Research : New developments. New York, Holt, Rinehart and Winston.

佐々木掌子・尾崎幸謙（2007）ジェンダー・アイデンティティ尺度の作成．パーソナリティ研究 15（3）；251-265．

Stoller RJ (1964) A contribution to the study of gender identity. The International Journal of Psycho-analysis 45 ; 220-226.
The Sunday Telegraph (2014) Pregnant men : New statistics reveal men have given birth to 54 babies in Australia. 16th, November.

「性同一性障害」から「性別違和」へ
――DSM-5における診断名変更の背景

針間克己

はじめに

アメリカ精神医学会（American Psychiatric Association）が発行しているDSM（精神疾患の診断と分類の手引き）は，従来の第4版（DSM-Ⅳ-TR）（APA, 2000）にかわり，2013年には，新たに「DSM-5」（APA, 2013），すなわち第5版が出版された。性同一性障害は「gender dysphoria」と変更され，その日本語訳は，「性別違和」となった。疾患名が変更されただけでなく，その診断基準も大幅に変更されている。その変更は，性同一性障害に関する最近の議論を反映したものとなっている。本稿では，背景にある議論や考えと主要な変更点を記すことにする。

Ⅰ 議論の歴史

1. トランスジェンダー概念の誕生

医学的診断名としては，1900年代初頭頃よりtranssexual（性転換症）が用いられていたが，1980年のDSM-Ⅲ（精神疾患の診断統計マニュアル）より，gender identity disorder（性同一性障害）が公式に用いられることとなった。

これら医学界が命名し概念化した用語に対して，当事者達を中心に命名概念化され，発達してきた用語がtransgender（トランスジェンダー）である。米国の性別に違和を持つ者や，異性装者のコミュニティーの指導者であった

Virginia Prince は，1980年代末に「反対の性別でいつも過ごすが，性別適合手術は行わないもの」という意味で，「transgenderist」を提唱した。この用語は，1990年代に入りトランスジェンダーとして広がっていき，その意味するところは，当初の狭義なものではなく，従来の性別概念の枠からはずれたものすべてを包み込む，包括的用語となりつつある。

　トランスジェンダー概念の誕生は第一に，「性同一性障害はすべて，外科的手術などによって可能な限りの身体的な移行を欲している」というステレオタイプな一般的理解に対して，「従来の性別の枠に収まらない，さまざまな性別の状態があり，またそのさまざまな状態を望むものがいる」という現実を知らしめることとなった。第二には従来の医学的疾患名の性転換症や性同一性障害に対して，当事者自らが命名した概念を持つことにより，脱医療化の契機となったのである。第三には，第一と第二を合わせた結果として，手術を行わない当事者も，「手術に進めなかった性同一性障害者」として自己を卑下するのではなく，一つの性的アイデンティティとして自己を確立することへの一助となった。

2. 同性愛をモデルとしての脱医療化の動き

　性同一性障害は精神疾患の一疾患単位として，DSMでは分類されてきた。このことに対し，「ジェンダーのありかたは，多様なセクシュアリティの一つであり，それが少数のものだからといって精神障害とされるのはおかしい」などの考えから精神疾患の分類から削除すべきである，との意見がトランスジェンダー概念誕生の頃より，強く提起されるようになった。この議論は，同じ，セクシュアル・マイノリティである，同性愛がたどった歴史と類似なものである。同性愛は，非道徳的存在→精神医学的疾患→本人が苦悩しているという理由での精神医学的存在（自我違和性同性愛）→性的ありようの一つとして正常と認められ精神障害の分類から削除，という歴史的段階で現在に至っている。性同一性障害は1900年の始まり頃，非道徳的存在から「性転換症」という医学的疾患となった。1994年に発行されたDSM-Ⅳでは，以前には見受けられなかった診断基準として，基準D.「その障害は，臨床的に著しい苦痛または，社会的，職業的または他の重要な領域における機能

の障害を引き起こしている」を設けた．これは，同性愛が，自我違和性同性愛として，精神障害の分類に過渡的に残存したのと類似の状況である．この同性愛と同様の流れからすれば，いずれ性同一性障害も精神医学的疾患でなくなるとの考えも理解されうる．

　しかし，性同一性障害を抱える者は，同性愛者と違い，多くのものが，ホルモン療法や，外科的療法などの医学的治療を求める．そうすると，その医学的治療の対象者を明確にする手段としてや，あるいは保険の適用などの現実的必要性からはやはり医学的疾患とするべきだとの考えもあった．

3．DSM-5における「性別違和」

　上述した，「脱医療化」と「疾患概念として継続」との論争の中，今後の精神疾患リストにおいての扱いが注目されてきた．結果として，2013年にアメリカ精神医学会の発表したDSM-5（精神疾患の診断統計マニュアル第5版）では，これまでの「gender identity disorder（性同一性障害）」に置きかわり，「gender dysphoria（性別違和）」という疾患名で継続となった．精神疾患のリストには継続されたものの，これまでの「gender identity（性同一性）のdisorder（障害）」という病名は撤廃されることとなったのである．

Ⅱ　主な変更点

　ここからは，DSM-5における主な変更点と，その背景について論じる．

1．疾患名の変更

　まず特筆すべきは，「gender identity disorder（性同一性障害）」が「gender dysphoria（性別違和）」へと変更されたことである．この変更の背景には，「性同一性障害」という病名への当事者たちの不満があった．つまり「性同一性障害」という病名は，「性同一性の障害」を意味するが，当事者たちは自分たちを「性同一性の障害」とは思っていない．性同一性とは平たく言えば，「心の性」のことであるが，「性同一性の障害」であれば，「心の性」が間違っているという意味になる．しかし，当事者たちは自分の心の性が間違ってい

るとは感じていない。間違っているのは心の性ではなく,「体の性」だと感じているのである。そのため当初, DSM-5案では,「gender incongruence（性別の不一致）」という説明的用語が提唱された。しかし,この用語は,なじみが薄いことなどもあり,結局,以前より使われていた症状名でもある「gender dysphoria（性別違和）」が採用された。その意味は,「体験し,または表出するジェンダーと,指定されたジェンダーとの間の不一致に伴う苦悩」である。

2.「sex（性）」という言葉が「assigned gender（指定されたジェンダー）」に置き換えられた

DSM-Ⅳ-TRで用いられていた,身体的性別を表す用語「sex（性）」は, DSM-5では「assigned gender（指定されたジェンダー）」に置き換えられた。身体的性分化においては,生物学的性別の諸要素（たとえば46XY染色体）は他の諸要素（たとえば外性器）などと不一致なことがある。それゆえに,「sex（性）」という用語を用いることは混乱を招くことがある。「assigned gender（指定されたジェンダー）」とは,出生時などに,助産師・医師等により,男性ないし女性に指定されたジェンダーを指す。

3. 性分化疾患が除外疾患ではなくなった

診断基準の中から,「その障害は,身体的に半陰陽を伴ったものではない」がなくなり,性分化疾患がある場合は,併記することになっている。すなわち, DSM-5では,性分化疾患も内包した疾患概念となっている。これまで,性分化疾患を抱え,性別違和を持つものをどう診断するかは難しいものがあったが, DSM-5では,鑑別の必要がなくなり,そのような困難はなくなることになる。

4. 男性か女性かという二分法ではない

DSM-Ⅳ-TRでは,性別に関しては,男性か女性かという二分法で記述されていた。DSM-5の新しい記述では,「the other gender (or some alternative gender different from one's assigned gender)・反対の性別（または,

指定されたジェンダーとは異なる別のジェンダー）」となっている。すなわち、「反対の性別」以外の性別も想定されているのである。実際に「自分は男でも女でもない」「自分は第三の性だ」「自分は男性と女性の中間だ」など、さまざまな、ジェンダーがある。DSM-Ⅳ-TRでは、男性ないし女性の性別しか想定していなかったため、そうでない者たちへの診断が困難であった。DSM-5では男性ないし女性以外のさまざまなジェンダーのものも内包したものとなっている。

5.「D. その障害は、臨床的に著しい苦痛または、社会的、職業的または他の重要な領域における機能の障害を引き起こしている」が変更されている

　DSM-Ⅳ-TRにあった「D. その障害は、臨床的に著しい苦痛または、社会的、職業的または他の重要な領域における機能の障害を引き起こしている」は、DSM-5でも、診断基準Bとして、ほぼ同様の記述がみられる。しかし、その用語は微妙に変更されている。

　まず、「障害」（disturbance）が「condition」になっている。これは脱病理化の流れの中で「disturbance」（障害）という言葉を避け、より中立的な「condition」（状態）という言葉に変更したのだろう。

　また「引き起こしている」（causes）が「is associated with」となっている。これも「引き起こしている」だと、著しい苦痛が、疾患に本質的なものであるというニュアンスが強いのに対し、「is associated with」（と関連する）だと、社会の偏見や差別など、より外的要因も関係する、というニュアンスになるものと思われる。

6. 性指向に関する下位分類が削除されている

　DSM-Ⅳ-TRにあった性指向に関する下位分類は削除されている。現在の臨床現場において、性指向そのものは、治療方針の決定に大きな役割は果たしていない。一方で、患者は、ホルモン療法や外科治療の承認を得るために、不正確な情報を伝える可能性がある。たとえば、男性から女性になろうと思うものは、実際には女性に性的魅力を感じていても、典型的な特徴であろう

として，男性に魅力を感じると述べたりする。そのため，性指向別に下位分類することを正確に行うのは困難となる。

　また，性的パートナーの性別の好みに関する変化が治療中や治療後に起こることも近年知られている。すなわち男性から女性へと移行するにつれ，女性を好きだったものが男性を好きになったりする。このことも下位分類を不正確ないし流動的なものとさせるのである。

III　まとめ

　DSM-5 における変更点の主な点についてまとめる。全体的にみると，

　　・身体的性別が典型的な男性，女性だけでなく，性分化疾患も含み，
　　・心理的性別も典型的な男性，女性以外のものも含み，

ということで，非常に広範な概念となっている。

　これは，実はほぼ「transgender（トランスジェンダー）」という概念と一致するものである。「gender identity disorder（性同一性障害）」ないし「transsexual（性転換症）」は，ホルモン療法や手術療法により，可能な限り身体的に反対の性別へと近づこうとするものを指す，医学的概念である。
　いっぽう，トランスジェンダーはそういった医学的概念の枠に収まらない，さまざまな非典型的な性別のありようを示す概念である。そこには，非典型的な性別のありようであっても，医学的疾患とみなす必要はないという思想も流れる。すなわち，非典型的な性指向のありようである同性愛が，もはや医学的疾患でないように，性同一性障害も医学的疾患とはみなすべきでないという考えである。このような議論の中，DSM-5 では性同一性障害が疾患リストに残るか否かが注目されていた。結果としては，DSM-5 の中では，性同一性障害はよりトランスジェンダー概念に近い「gender dysphoria（性別違和）」として示され，残ることになったのである。このことは，ある意味で，従来の性同一性障害概念がトランスジェンダー概念に歩み寄ったともいえる。しかし，見方を変えれば，従来は医学的疾患とはみなされなかった，

性別の多様の在り方をも，医学的疾患として内包することとなるのは，皮肉な結果にも思える。

おわりに——日本の反応と ICD-11 の動向

「性同一性障害」は，ここ十数年でようやく日本に根付いた病名で，法律にも用いられるなど，現在は広く普及している。また，現時点では，特に差別やレッテル貼りとも結びついてもいないので，あまり変更したくないなと考える医療者が多いのである。日本ではここ十数年，「性同一性障害」という医学的理解の広がりによって，治療の理解が進み，戸籍の変更が可能になるなど，法的整備や人権養護の進展もあった。いっぽうで「多様性の尊重」といった主張は，家制度を大事にし，均質さを好む日本の風土のなかでは，浸透しにくい面がある。そういった面もあり，精神病理の色合いが薄く，多様なジェンダーを内包する「性別違和」でなく，より精神病理のニュアンスの強い「性同一性障害」をそのまま使いたいと考えるものが医療関係者や当事者の間で多いのが現状であると筆者は感じている。

とはいうものの，医学的疾患名が，ガラパゴスのように，日本だけ独自に旧来のものを使用し続けるのも奇妙な話ともいえる。ただ，DSM の影響力は強いとはいえ，「アメリカの」「精神科医」による，という二重の意味でローカルな診断基準でもある。より世界的な医学全体の診断基準という観点からは ICD に準ずるべきことになる。現在，ICD-11 に向けての改訂が検討中であるが，性同一性障害についても改訂案が伝わってきている。それによると，精神疾患からは外れ，身体疾患でもなく，睡眠障害や性機能不全とともに，第三のグループに属するという。つまり，ICD-11 では，ついに精神疾患ではなくなるということである。また，疾患名は「gender incongruence」が検討されている。「gender incongruence」となると，「性別不一致」といった意味であり，「性別違和」とは異なる。つまり DSM-5 と ICD-11 では，「精神疾患である」「精神疾患でない」，「性別違和」「性別不一致」と，2つの面で異なることになる。そういった面ではまだまだ議論は続くのであろう。

しかし，議論は分かれたとしても，当事者の人権と健康をどう守るかという

目的は同じである。議論の深まりはその理解の一助となるものだと思いたい。

［追記］
　本稿は2016年に書かれたものである。その後について追記する。ICD-11は2018年に発表され，2022年1月に実効となった。日本語訳の出版は現在発行準備中とのことである。ICD-11において，性同一性障害は，「gender incongruence」との新たな名称となった。日本語訳は，「性別不合」が予定されている。本稿に記したとおり，「gender incongruence」は，ICD-10までの「06 Mental, behavioural or neurodevelopmental disorders（「精神及び行動の障害」）」の下位分類から外れ，「17 Conditions related to sexual health」の下位分類となった。これはすなわち，ICD-11では，脱精神病理化が達成されたことを意味する。また，17章においては，「disorder」「disease」ではなく「condition」という価値中立的な用語を用いていることより，精神疾患以外の疾患としての病理性も薄まっていると思われる。すなわち，ICD-11において性別不合の扱いは，「精神疾患ではない。リストに残すが，それは精神疾患としてではなく『性の健康に関するコンディション』としてだ」という位置づけである。このような別章に移動するという改変を行ったのは，「身体治療のアクセスを容易にする」「精神疾患としての扱いをやめる」という2つの課題を同時に解決するためである。精神疾患のみのDSMと違い，「疾病と関連保険問題」を幅広く含むICDだからこそできた，クレバーな解決策だったと思われる。なお診断基準も，DSM-5の性別違和と比較し，身体の性別違和感が強いものに限定している。身体治療へのアクセスを可能にすることにのみポイントを絞った狙いだと思われる。ICD-11の日本語訳発表はまだであるが，日本においても，「性同一性障害」は「性別不合」へと置き換わりつつある。

文　献

American Psychiatric Association（2000）Diagnostic and Statistical Manual of Mental Disorders. 4th Edition, Text Revision.

American Psychiatric Association（2013）Diagnostic and Statistical Manual of Mental Disorders. 5th Edition.

LGBTIQ＋の人権をめぐる国内外の動向

東　優子

　UN Free & Equal（自由と平等）キャンペーンが展開されるようになって10年になる。2013年に国連人権高等弁務官事務所（以下，OHCHR）が中心となって始めたこのキャンペーンの目的は，LGBTIQ+の平等な権利と公正な扱いの推進である。このように国連が，それまでにない関心を性的指向および性自認（以下，SOGI）に向けるようになったのは2010年代に入ってからのことである。それより20年前，性と生殖に関する健康と権利（以下，SRHR）が公式に議論されたカイロ・国際人口開発会議（1994）や北京・世界女性会議（1995）を歴史的転換点として，性（セクシュアリティ）が人権の文脈で活発に論じられるようになった。しかし，これら2つの会議においてもSRHRをめぐる議論が激しく対立したことはあまりに有名である（Lottes, 2013）。その結果，たとえば会議の成果文書には「レズビアン」という文言を盛り込むことができなかったのであり，「カイロ行動計画」第7章のタイトルからも「セクシュアル」という文言を削らなければならなかった。SOGIの多様性，家族計画や中絶，性の自己決定権など，「性」をめぐる議論にはさまざまな対立軸が存在する。論争的な課題を強引に進めることは国連への信頼の失墜につながるといった反発が根強い状況にあって，SOGIを人権課題として定式化することは「国連タブー」とさえ言われてきた。

I　LGBTIQ＋の人権保障に向けた国連の取り組み

　その余りにも長かった沈黙を破り，国連が大きく舵を切ることになった背景には，国際人権法をめぐる議論の転換があった。つとに有名なのは2006年の専門家会議における議論と，この会議の成果文書「ジョグジャカルタ原則：性的指向および性自認に関する国際人権法の適用に関する原則」である。これは国連文書でなく，法的拘束力もないが，OHCHRの報告書に引用されるなど，国連において準拠すべき文書に位置づけられている。そして2011年，国連決議としては初めてSOGIを人権課題として位置づける「人権，性的指向および性自認」が国連人権理事会で採択された（2014年にも再び，2011年決議の趣旨を引き継ぎつつ，より強力に，差別解消に向けた行動を求める決議が採択されている）。そして2013年7月，世界人権宣言にちなんで名づけられた冒頭のキャンペーンへと展開されていくのである。

　その開始を告げる記者会見で，ナビ・ピレイ国連人権高等弁務官（当時）は次のように述べた。「世界人権宣言は，すべての人間が生れながらにして自由であり，かつ，尊厳と権利とについて平等である世界を約束している。しかし，憎悪，不寛容，暴力，広範な差別に日常的に直面せざるを得ない何百万ものLGBTの人々にとっては，未だ空虚な約束でしかない」（OHCHR, 2013）。こうして国連は「LGBTの権利は人権である」と宣言するに至るのである。

　ちょうどこの頃，日本の報道機関も，たとえばNHKがLGBTという言葉を使い始めるようになる。その日本の国連での立場や活躍に触れておくと，日本は「LGBTコアグループ」と呼ばれる地域横断的グループのアジアで唯一のメンバー国であり，LGBTIQ＋の人権保障推進において中心的役割を担ってきた。ところがその一方で，国内施策については，国連のさまざまな委員会や人権理事会から，再三再四，勧告される立場にある。2023年の国連人権理事会による普遍的定期的審査においても，同性婚の合憲化を促す勧告が多く出され，SOGIなど性の多様性に基づく差別の禁止を求める勧告も出されている。

Ⅱ　日本社会の動向

　時を遡れば，2001年の人権擁護審議会答申ですでに，同性愛者に対する雇用における差別的取扱い，嫌がらせ，差別表現等が人権救済制度における積極的救済の対象となるということが明記され，2002年からは，法務省が毎年発表する人権課題の重点項目に「同性愛を理由とする差別をなくそう」が追加されていた。戸籍上の性別変更を可能とする「性同一性障害者の性別の取扱いの特例に関する法律」（以下，「性同一性障害特例法」）が施行された2004年からは，「性同一性障害を理由とする差別をなくそう」も追加されている（2024年現在は，この２つをまとめて「性的マイノリティに関する偏見や差別をなくそう」に文言が変更されている）。
　2012年に改定された自殺総合対策大綱では「自殺念慮の割合等が高いことが指摘されている性的マイノリティについて，無理解や偏見等がその背景にある社会的要因の一つであると捉えて，理解促進の取組を推進する」など，3個所で性的マイノリティ支援が明記された。これと前後して，2010年に文部科学省がまず「児童生徒が抱える問題に対しての教育相談の徹底について」と題した事務連絡を全国の各教育委員会などに発出したのに続いて，2015年には通知「性同一性障害に係る児童生徒に対するきめ細かな対応の実施等について」を，さらに翌年には「性同一性障害や性的指向・性自認に係る，児童生徒に対するきめ細かな対応等の実施について（教職員向け）」という周知資料を発表している。
　時を同じくして2015年11月に日本で初めて，渋谷区と世田谷区が「同性パートナーシップ宣誓制度」を導入したこともあって，「LGBTブーム」といった言葉も聞かれるようになった。同制度は，同性同士のカップルが「結婚に相当する関係」にあることを認める証明書を交付するものだが，企業レベルでは，それ以前からすでにこうしたカップルやファミリーを対象とした新サービスの提供が始まっていた。
　2014年に改正された男女雇用機会均等法では，同性間で引き起こる問題や性的マイノリティに対する差別的言動もセクハラになることが明記され，

2022年4月に全面施行された「パワハラ防止法」にも，その対策が事業主の義務として盛り込まれている。男女共同参画条例その他でSOGIを理由とする困難を解消することを謳う地方自治体も増えてきた。なお，前出の「パートナーシップ制度」については，2024年6月の時点で458自治体がこれを導入し，人口カバー率85.1％となっている（渋谷区・虹色ダイバーシティ，2024）。

　2023年には，SOGIを位置づけた法律としては日本初となる「性的指向及びジェンダーアイデンティティの多様性に関する国民の理解の増進に関する法律」（以下，「LGBT理解増進法」）が成立・施行されるなど，LGBTなど性的マイノリティの人権保障に係る重要な司法判断や立法，法律改正などが相次いだ。同法は罰則のない理念法だが，事業主にはSOGIの多様性に関する理解を深めるための情報提供，研修の実施，普及啓発，就業環境に関する相談体制の整備などの措置を講ずることが求められている。同じ月に福岡地裁では，同性間の婚姻を認めていない現状を「違憲」とする判決が下された。これにより，2019年に一斉提訴の形で始まった「結婚の自由をすべての人に」訴訟（同性婚訴訟）について，全国5地裁がすべて出揃い，5つの判決のうち（大阪地裁を除く）4つで「違憲」あるいは「違憲状態」との判断が示されたことになる。すでに2審が始まっており，2024年3月の札幌高等裁判所は「今の民法などの規定は憲法に違反する」との判断を示すなど，合憲化に向けた今後の動向が注目されている。

　「性同一性障害」にかかわる最高裁判決も相次いだ。2023年7月，経済産業省に勤めるトランス女性を原告とする裁判では，職場での女性用トイレ利用を制限するなどした処遇を「違憲」とする判決が下された。さらに10月の最高裁大法廷で，「性同一性障害特例法」の一部規定（いわゆる手術要件と呼ばれる不妊化のための手続き）が「違憲」と判断された。すでに子宮卵巣摘出を受けずに女性から男性への性別変更をした事例などが報告されるなど，法改正よりも早くさまざまな変化が生まれている。

Ⅲ　新しい潮流とバックラッシュ

　国際的な診断マニュアルから「性同一性障害」が抹消され過去の遺物になっていることも，法改正を要する理由の一つである。とくに 2022 年 1 月に発効となった国際疾病分類第 11 版（ICD-11）では，「性別不合」という新概念が提唱され，従来の精神疾患という分類ではなく，新設された「性の健康に関わる状態」に位置づけられている。このことは，かねてより「マジョリティのありようと異なることを理由に精神病理化されるのはおかしい」と主張してきた人々の悲願（脱精神病理化）が達成されたことを意味する。出生時に割り当てられた性別を変更する際の「要件」の見直し，緩和や撤廃も進んでいる。アルゼンチンをはじめとするいくつかの国では，自己申告と簡易な行政手続きのみで性別を変更できるようにもなった。パスポートなどの性別記載について男女以外を選択できる国は，インド文化圏にはじまり，欧米やオセアニアにも広がっている。

　こうした変化がトランスの社会的包摂につながると評価される一方で，従来からこれに反発する伝統主義者たちとの攻防に加え，近年はとくに欧米の「フェミニスト」から始まった「トランス女性は女性ではない」という言論活動が世界各国へと飛び火し，トランス当事者の安心と安全を脅かすまでに先鋭化している。トランスや性自認の問題だけではない。性的指向をめぐる状況についても，世界で同性婚を認める国が増えつつある一方で，ウガンダでは同性愛を犯罪化する法律が新たに成立し，ハンガリーでは未成年者へのジェンダーやセクシュアリティに関する情報提供が禁止されるといった動きもある。世界全体では減少傾向にあるとはいえ，2023 年の時点でさえ，193 の国連加盟国の 32％に相当する 61 カ国が「同性愛」を犯罪化（または法制化されていなくとも，事実上犯罪化）しており，そのうち少なくとも 7 カ国においては最高刑が死刑であり，「見せしめ」のために公開処刑をおこなう国もある（ILGA, 2024）。

　冒頭で紹介した UN Free & Equal に話を戻せば，10 年たった現在，LGBT という言葉を使って始まったキャンペーンは，LGBT にインターセックスの I

やクィアのQを追加してLGBTIやLGBTQ＋と表記するように変わってきた。SOGIにもジェンダー表現（gender expression）のEや，一次性徴や二次性徴といった性的特徴（sexual characteristics）を意味するSCを追加してSOGIESCという略語が使用されることがある。こうした言葉や表現の変化で強調されるのは，人間の性のありようが多様であるということ，そしてSOGI（あるはSOGIESC）が人権課題であるということである。女性の人権問題に取り組む理由は，彼女らが弱くて守られるべき存在であるからではない。何人も性別を理由に差別，排除されてはならないからである。LGBTIQ＋の人権問題も同じである。特別なマイノリティの人たちの権利の話をしているのではない。何人もSOGIESCを理由に差別や排除にさらされてはならない。

文　献

ILGA（2024）ILGA World Database : Criminalisation of consensual same-sex sexual acts.（https://database.ilga.org/criminalisation-consensual-same-sex-sexual-acts.）

Lottes IL（2013）Sexual rights : Meanings, controversies, and sexual health promotion. Journal of Sex Research 50（3-4）: 367-391.

OHCHR（2013）Free & Equal Campaign Press Launch : Opening Remarks by UN High Commissioner for Human Rights Navi Pillay.（https://www.ohchr.org/en/press-releases/2013/07/un-human-rights-office-launches-unprecedented-global-campaign-lesbian-gay）

渋谷区・虹色ダイバーシティ（2024）全国パートナーシップ制度共同調査.（https://niji-bridge.jp）

セクシュアル・マイノリティの子どもを支える
スクールカウンセリング

葛西真記子

はじめに

　セクシュアル・マイノリティについて教育現場での理解と支援が求められるようになった背景には，これまでの当事者，当事者団体のさまざまな活動と，1997年以降の性同一性障害（性別違和）の方への性別適合手術の開始や，2003年の「性同一性障害者の性別の取扱いの特例に関する法律（特例法）」の成立が大きく影響していると思われる。2010年4月に文部科学省は都道府県教育委員会へ「性同一性障害の児童・生徒に対する教育相談の徹底と本人の心情に配慮した対応を」という通知を出した。さらに2015年4月に文部科学省から各都道府県教育委員会等に配慮が必要であるのは，「性同一性障害に係る児童生徒だけでなく，いわゆる『性的マイノリティ』とされる児童生徒全般に共通するものである」ことを明らかにした通知がなされた。その後，2022年に文部科学省によって作成された「生徒指導提要（改訂版）」の第12章「性に関する課題」には，現在の児童生徒を取り巻く環境に対応し，性犯罪・性暴力に加えて，性的マイノリティにも言及しており，かなり具体的な対応について述べられている。
　しかし，実際どの程度の教育関係者がセクシュアル・マイノリティのことを正確に理解しているのか，あるいは，対応できると自信を持って言えるのかはまだ疑問がある。本稿では，まず教育現場での現状を述べ，次にスクールカウンセラーとしてできることを直接的，間接的かかわりに分けて述べる。

I　教育現場の現状

　2014年に日高によって行われた約2万人を対象としたインターネット調査によると，セクシュアル・マイノリティの同性愛・両性愛の10代男子の44％がいじめにあった経験があり，23％が不登校，18％が自傷行為の経験があったことが明らかとなった（朝日新聞，2015）。また，2013年に「いのちリスペクト。ホワイトリボン・キャンペーン」が行った当事者へのインターネット調査では，セクシュアル・マイノリティをネタにした冗談やからかいを見聞きした者は，84％存在し，実際にいじめを受けたものは，65％であった。これらの数値は，セクシュアル・マイノリティの児童生徒にとって学校現場は決して過ごしやすいところではないことを示唆している。一方，教員に対して2011年から2013年に行われた調査（日高，2013）によると，セクシュアル・マイノリティについて生徒に「教える必要がある」と回答した教員は，「性同一性障害に関して」では73％，「同性愛に関して」では63％であった。しかし，実際に「教えたことがある」と答えたのは，14％のみであった。教えなかった理由として，「教える必要性を感じる機会がなかった」42.3％，「同性愛や性同一性障害についてよく知らない」26.1％，「教科書に書かれていない」19.1％などが挙げられている（日高，2013）。この状況は2020年代になってもあまり変化がみられない（日高，2021）。つまり，多くの児童生徒は学校現場において，日常的にセクシュアル・マイノリティについての偏見的・否定的な情報を見聞きし，時にはいじめを経験しながら，そのことについてなんら対応がなされていないという現状であることが明らかである。このような現状に対して，スクールカウンセラーができることについて紹介する。

II　スクールカウンセラーのできること

1. 直接的かかわり
1）事例　1
　大野君（仮名）は，現在中学2年生の男子で，昨年から不登校になっている。

担任は，家庭訪問をしたり，保護者と連携をとったりしながらかかわっている。小学校のときから大人しいあまり目立たない子で，親しい友達もあまりいないようだった。それでも中学1年生の1学期頃までは学校に通っていた。保護者も担任も不登校の原因について何も思い当たらない状態で，スクールカウンセラーにどのようにかかわったらいいかのアドバイスを求め，できればカウンセリングをお願いしたいということであった。

　このような事例の場合，スクールカウンセラーとしてどのようなことを考えるだろうか。たとえば，友人関係がほとんどないということから，対人関係が難しい特徴があるのかもしれない。休み始めたころに何かなかったのか，いじめられた経験があったのか，成績はどうだろうか，発達的な特徴はあったのか，親子関係はどうだろうか，親子のコミュニケーションはあるのだろうか等さまざまな仮説が思い浮かぶだろう。そのときにセクシュアル・マイノリティの視点を考えの隅に入れておく必要があるのである。現状で紹介したように，セクシュアル・マイノリティの当事者が不登校になったり，いじめられたりする経験はかなりの高確率で起こっているのである。この事例は架空のものであるが，もともと大人しく，あまり目立たない子であったが，第二次性徴の時期にだんだん男性らしくなっていくことに違和感を覚えできるだけ男性らしくならないように，食事制限をしたり，筋肉がつかないように運動制限をしたりしていた事例もある。また男らしくないということをクラスメートからからかわれたり，先生に「もっとしゃんとしろ！」「男らしくしろ！」といわれたりすることがあり，それが苦痛だったと打ち明けた事例もあった。また，女子の場合は，胸が膨らんでくること，制服のスカートをはくこと，生理があることなどが苦痛になっている事例もある。このような事例は，自身の性別に違和感を持っているトランスジェンダーであるかもしれないのである。

2）事例　2
　別の事例では，和美さん（仮名）は，友達のことで悩んでいるといって，スクールカウンセラーのところに来た。すごく大好きな友達がいて，いつも一緒にい

たい，私とだけ一緒にいてほしい，他の子と仲良くしているのを見るのも嫌だ，特にその子が男子の話を楽しそうにするのが嫌だと悩みを話した。

　発達段階で女子によくみられる束縛したい気持ちや仲間はずれにされてしまう不安感が関係しているのかもしれないが，このような相談の場合もセクシュアル・マイノリティの視点を考えの片隅に置いておく必要がある。まだ自覚していないかもしれないが，友達を他の子にとられたくない，自分だけを見てほしい，という恋愛感情を持っているということも考えられる。特にそのことを指摘する必要はないが，もしかしたら同性愛的な感情もあるかもしれないということを考え，異性愛であるという前提のもと話をするということを避けることが大切である。つまり，スクールカウンセラーとしてかかわるさまざまな事例において，セクシュアリティ，ジェンダーのことも仮説の一つとして考えることに意味がある。そのためには，普段からセクシュアル・マイノリティについての認知度をあげておく必要がある。

3) スクールカウンセラーとして必要なこと
　セクシュアル・マイノリティの児童生徒を支援するために，スクールカウンセラーがしておくこととしては，まずは自分自身の知識・理解を深める研修等への参加である。ただセクシュアル・マイノリティ，LGBTQという言葉を知っているというだけでは十分ではなく，同性愛・両性愛や性別に違和感を持っている人は異常だと思っていないという考えだけでも不十分である。「自分には偏見や差別意識はない」と思っていても，そのような態度は，先にも述べたように，セクシュアル・マイノリティの当事者たちが実際どのような困難や苦痛を体験しているかということを無視していることになる。同性愛者や両性愛者への偏見的態度や見方は「異性愛主義」と呼ばれている。異性愛主義とは，「セクシュアル・マイノリティのグループの方にとって不利益になるような無自覚に臨床現場に埋め込まれた考えで，すべての人は異性愛であるとの前提をもって，セクシュアル・マイノリティの方の存在が明らかになると，それは異常で，差別的な扱いを受けて当然であると思うこと」(Herek et al, 2009) である。つまり，自分自身の考え方，感じ方，発言内

容等が知らないうちに異性愛を前提としたものになっていないか，それ以外が異常で，普通でないものと思っていないかということに気づく（異性愛主義への気づき）ことが重要である。

　前述したようなケースに遭遇した場合，クライエントは，性的指向や性自認の発達過程のどの段階なのか，一般的にその段階ではどのような困難を体験するのか，この先，どのように進めていけばいいのかなど，仮説が考えられなければ有効な支援はできないし，保護者や先生方への説明もできない。また，当事者のクライエントが主訴として提示した問題が，自身の性別違和感のことや，性的指向のことではなかったとしても，そのことがどのようにこのクライエントに関係しているのか，ということを常に考えておくことも大切である。それを扱うのは今ではないかもしれないし，クライエントにとってタイミングもある。性的指向の発達過程は，性的アイデンティティの発達（sexual identity development）という概念でさまざまな研究者によって概念化されており，有名なものに Troiden（1989）や Cass（1979），McCarn と Fassinger（1996）のモデルがある。カウンセリングを行う場合は，性的アイデンティティの発達に沿ってその内容，対応が異なってくる（葛西，2014）。

4）セクシュアル・マイノリティ・クライエント特有の相談内容

　また，スクールカウンセラーとして，セクシュアル・マイノリティの方々特有の相談テーマについても知っておくことも重要である。たとえば，内在化された同性愛嫌悪やトランスジェンダー嫌悪がある。当事者の方々は多かれ少なかれ，反同性愛のメッセージや異性愛主義の考え方を知らず知らずのうちに内在化しており，それが自分自身の考え方，ものの見方に影響していることが多い。それは，家庭，学校，社会が持つ偏見・差別意識が内在化されているのである。そしてそれは，アイデンティティ形成，自尊心，他者との関係に影響しているので，それを面接の中で解明することが必要である。

　次に，カミングアウトに関することがある。カミングアウト過程へのかかわりに関して，カウンセラーは前述した発達モデルを理解している必要がある。クライエントがある人に，自身のことについてカミングアウトしようと

思っているとしたら、一緒に、なぜ、今、カミングアウトしようと思ったのか（動機）、カミングアウトしたらどうなると期待しているのか（結果の予期）、もし思うようにならなかったらどうするのか（対策）などについて、話し合う必要がある。また、セクシュアル・マイノリティ当事者にとってカミングアウトが最善なことでないこともあるし、一回で終わるものでもなく、新しい人に出会ったら、新しい環境に入ったら、その都度、そこでカミングアウトするのかしないのかを考えなくてはならない。

　もっとも難しい問題の一つとしてあげられるのは、同性愛や両性愛のクライエントは、目に見えにくいということである（隠れたマイノリティ；Fassinger, 1991）。つまり、自分自身の性的指向のことについて相談したいと思って、来談したとしても、たいていのクライエントはカウンセラーにすぐにそのことを打ち明けてこない。まず、このカウンセラーがセクシュアリティに対して肯定的で、異性愛主義でないということが確かでない限り、自己開示しないだろう。1年ほどあるカウンセラーのところに通ったが、言い出せなかったというクライエントの話を聞いたこともある。

　その他にも、セクシュアル・マイノリティのクライエントにとって、さまざまな人生の岐路において、その選択に自身の性的指向や性自認のアイデンティティが関連してくる。たとえば、進路選択（地元ではない学校に行きたい、制服のない学校に行きたいなど）、いじめなどが原因で勉強に集中できない、学校に行けないことによる学力の低下、職業選択、家族関係（家族に受容されているかどうか）、友人関係（相談相手はいるか）などすべてにさまざまな形でセクシュアリティやジェンダーの問題が関連してくる。そのことをスクールカウンセラーは認識しておくことが大切である。また、家族や友人等周りにカミングアウトしないと決めている場合、異性愛者として振る舞うことを期待され、「彼女／彼氏はいないの？」「結婚しないの？」と聞かれ続けたり、性的な話につき合わされたりということとなり、これは多大なストレスとなる。これは「異性愛役割葛藤」と呼ばれている（日高，2000）。このように、セクシュアル・マイノリティの方々特有の相談内容があることを知っておく必要がある。

2. 間接的かかわり

　セクシュアル・マイノリティのクライエントやその保護者，関係者からの相談を直接的なかかわりとすれば，それ以外の間接的なかかわりもある。まずは，「セクシュアル・マイノリティの問題は本校にはない」と思っている学校全体，保護者に対して2023年の調査で人口の約9.7％はセクシュアル・マイノリティであるという結果（電通ダイバーシティラボ，2023）を周知する（少なくともクラスに一，二人は必ず存在する）。そのために，学校内で研修の実施，スクールカウンセラー便り等での情報発信，ポスターの掲示，図書館や相談室にセクシュアル・マイノリティに関する書籍の整備などによって，セクシュアル・マイノリティを可視化させることが必要である。

　また，日常的に使用する言葉が異性愛主義にならないように注意を払う。たとえば，「好きな人」「付き合っている人」という言葉が出てきたとしても，相手が異性であると判断し「彼女，彼氏」とは言わない。相手は同性であるかもしれないということを念頭におく。また，自分自身の言動だけでなく，学校の教職員，児童生徒，保護者にもその意識を広げるために，セクシュアル・マイノリティに対して差別的な発言をしている場に遭遇したら，その言動に対してなんらかの行動を起こすことが大切である。差別的な発言，偏見に満ちた態度に対して，見て見ぬふりをする，何も言わない，同調して周りの人と同じように笑う等の言動をとることは，一緒に差別をしているのと同じである。もし，その場に当事者がいたら，「このカウンセラーには絶対に相談できない」と思われるだろう。常に異性愛中心主義の場へのチャレンジをすることが大切である。

　学校外でできる活動もある。それは，地域のセクシュアル・マイノリティの団体の情報を得る，さまざまな行事に参加するなどである。当事者団体や支援団体の情報を得ていると，相談に来たクライエントのニーズに合わせて紹介することができる。また，自分がセクシュアル・マイノリティの行事等に参加することによって，本やメディアで得た知識としてではなく，当事者の方々の実体験に触れることができ，さらに理解が深まるだろう。

　また，セクシュアル・マイノリティに対する肯定的な態度は，セクシュアル・マイノリティ当事者の友人を作ることが関連しているという研究もある

(Poteat, 2015)。つまり特に親しい友人がいること，セクシュアル・マイノリティ等に関する話題を肯定的な雰囲気で話し合ったりする経験があることが肯定的な態度と関連するのである。後者に関しては，学校現場等で，セクシュアル・マイノリティに対して差別的な発言をしている児童生徒，教職員がいた場合に，挑戦的にその発言に対して指摘するのではなく，肯定的な雰囲気で，間違っている情報について訂正するという態度がスクールカウンセラーには必要である。さまざまなセクシュアル・マイノリティ関連の行事に参加し，友人を作り，その関係の中で自分が感じたこと，気づいたことを肯定的な雰囲気で周りに伝えていくということである。

3. 気をつけること

スクールカウンセラーとしてセクシュアル・マイノリティの児童生徒とかかわる心づもりができたところで，気を付けるべきこと，してはいけないこともある。まず，ある人のセクシュアリティについて知ったときに，勝手に他の人に言ってしまうこと（アウティング）をしてはいけない。たとえば，松本くん（仮名）が，自分自身のことについてゲイ（男性同性愛者）であるとスクールカウンセラーにカミングアウトしたとする。本人は何でもない感じで言っていったので，あなたは他の人にもオープンにしているのだろうと思い，他の人に「松本くんってゲイだから……」という話をしてしまった場合は，これはアウティングになる。松本くんはあなたにだけ，そのことを打ち明けたのかもしれないので，他の人に伝えるなら松本くんの了解を得てからでないとしてはいけない。他者に知られることによって，松本くんが不利益をこうむることもある。

また，セクシュアル・マイノリティを一括りにして，全部同じように扱わない。同性愛・両性愛の方々の体験，その中でも男性同性愛と女性同性愛の違いもあり，また性別違和感を持っている方は，まったく異なった体験をしている。概念の混乱もあり，学校現場だけでなく，学会発表等でもときどきみられるが，性同一性障害（性別違和）とトランスジェンダーを同じものだと扱っている場合がある。性同一性障害・性別違和はあくまで診断名であり，自分自身の身体の性別と心の性別が一致していないと感じている，身体の性

別と別の性別を生きたいと思っているトランスジェンダーとは異なる。トランスジェンダーの中に，性同一性障害（性別違和）が含まれることになる。

おわりに

　セクシュアル・マイノリティの子どもたちは，相談室にきて「自分の性別のことで悩んでいます」「性的指向について悩んでいます」と直接訴えることはあまりない。それよりも不登校，いじめ，不適応等の問題で相談に来るかもしれない。つまり，どの学校にもどのクラスにも存在しているということを前提にすべてのクライエントにかかわることが大切である。

文　　献

朝日新聞（2015）同性・両性愛の10代男子4割，いじめ経験（2015年9月1日）．
Cass V（1979）Homosexual identity formation : A the-oretical model. Journal of Homosexuality 4 ; 219-235.
電通ダイバーシティラボ（2023）http://www.group.dentsu.com/jp/news/release/001046.html
Fassinger RE（1991）The hidden minority : Issues and challenges in working with lesbian women and gay men. The Counseling Psychologist 19 ; 157-176.
Herek GM, Gillis JR, Cogan JC（2009）Internalized stigma among sexual minority adults : Insights from a social psychological perspective. Journal of Counseling Psychology 56 ; 32-43.
日高康晴（2000）ゲイ・バイセクシュアル男性の異性愛者的役割葛藤と精神的健康に関する研究．思春期学，18（3）；264-272.
日高康晴（2013）平成26年度厚生労働科学研究費補助金エイズ対策政策研究事業．（http://www.health-issue.jp/teachers_lgbt_survey.pdf［2015年11月11日閲覧］）
日高康晴（2021）子どもの"人生を変える"先生の言葉．NITSニュース第170号．令和3年6月25日．
いのちリスペクト。ホワイトリボン・キャンペーン（2014）LGBTの学校生活に関する実態調査（2013）結果報告書．
葛西真記子（2014）児童期・思春期のセクシュアル・マイノリティを支えるスクールカウンセリング．（針間克己・平田俊明編著）セクシュアル・マイノリティへの心理的支援．pp109-122, 岩崎学術出版社．
McCarn SR, Fassinger RE（1996）Revisioning sexual minority identity formation : A new model of lesbian identity and its implications for counseling and research. The Counseling Psychologist 24 ; 508-534.

文部科学省（2022）生徒指導提要（改訂版）.
Poteat PV（2015）Individual psychological factors and complex interpersonal conditions that predict LGBT-affirming behavior. Journal of Youth Adolescence 44；1494-1507.
Troiden RR（1989）The formation of homosexual identities. Journal of Homosexuality 17；43-73.

性別違和を持つ子どもへの心理的支援

佐々木掌子

はじめに

　文部科学省は，2015年4月30日に「性同一性障害に係る児童生徒に対するきめ細かな対応の実施等について」を全国の教育委員会等に通知した。これは，医療機関や児童相談所など，学校外で子どもの臨床に関わる精神科医や心理職にとって，学校との連携を意識させる重要な指針となった。

　本稿では，性別違和を持つ子どもに対し，スクールカウンセラーや学校医といった学校内の専門職ではなく，学校外で心理的援助に関わる専門職にはどのようなことが求められるのかについて述べる。特に，「子ども」や「児童生徒」と一括りにされがちな当事者の理解や対応について，発達段階に着目し，幼児期・学童期，および思春期・青年期についてそれぞれ説明をする。

I　幼児期・学童期における性別違和を持つ子ども

1. 認知発達理論から見た幼児期・学童期の性同一性[注1]発達

　子どもが自分の性別を認識しはじめるのはいつからであろうか。自己の性別への認識にはその子どもの持つ認知発達のレベルが影響を及ぼすと考えられている。こうした認知発達理論による性同一性発達研究の先鞭をつけたの

注1）gender identity：カタカナ表記はジェンダー・アイデンティティ。本稿では以下，性同一性と表記。詳細については本書11～21頁を参照。

がKohlberg (1966) である。Piagetによる認知発達理論では，前操作期段階の子どもは数の保存や量の保存，長さの保存など，「保存の法則」を理解するのが困難であるといわれている。こうした保存の法則理解の困難性が性別にも当てはまることをKohlbergも確認した。

　その後，SlabyとFrey (1975) がKohlbergの研究をもとに，性同一性の認知発達段階を理論化した。第一段階が性別ラベリング（gender labeling）習得の段階である。これは，自己や他者の性別を男であるのか，女であるのかラベル付けすることができる段階である。一般的には，おおよそ，2, 3歳で習得すると考えられている。第二段階は，性別安定性（gender stability）習得の段階である。これは，性別が時間を経ても安定していることを理解することができる段階である。具体的には，女の子はお母さんになり，お父さんにはならないことを理解できるか，お爺ちゃんはかつて女の子ではなく男の子であったことを理解できるかといった，性別が時間を経ても変わらないことを理解できるという段階である。一般的には，おおよそ5, 6歳には習得されると考えられている。第三段階は，性別一貫性（gender consistency）習得の段階である。これは，表面的な特徴が変わっても性別は変わらないことを理解することができる段階である。たとえば，男の子が長い髪をしてスカートを履き，女の子のように見えたとしても，男の子は男の子のままであると理解できるといった段階である。この段階まで認知の発達が進むと，性別の保存課題が習得でき性別恒常性（gender constancy）を獲得したとみなされる。表面的な知覚優位の判断から本質的概念理解への脱却地点として「性別恒常性習得」を転換点として据えているのである。

　この性別恒常性がどのような役割を持つのかを検討したのがRubleら(2007)である。彼女たちは，性別安定性の習得と性別一貫性の習得の段階で，各々，どのような性別理解が促進されるのかを検討した。具体的には，性別安定性を習得する段階では，ジェンダー・ステレオタイプ知識（人形は女の子，トラックは男の子など）が増加し，自己の性別への評価が高まる。そして性別一貫性を習得すると，それまで強かったジェンダー・ステレオタイプの硬直性（男の子はネイルをしてはいけない，異性役割行動をとる友達とは遊びたくない，など）が減少するという結果を得ている。すなわち，性別安

定性の習得により，同性グループへの関心が強化されジェンダー・ステレオタイプ知識が増大する。その後，性別一貫性習得に至ると，ジェンダー・ステレオタイプ信念の硬直性が和らぐという。これについて Ruble らは，見かけや行動の性差が重要でないと認識するようになると，ジェンダー規範の侵犯に対して柔軟性が出てくるのではないかと推測している。

2. 性別違和を示す前思春期の子どもに対する臨床作業仮説

性別恒常性の習得がまだ覚つかないレベルの認知発達段階で，周囲が「男児ルート」あるいは「女児ルート」といった一定方向に水路付けをすることが適切なのか，再考が求められていると考えられる。

Zucker（2008）は，性別違和や性同一性障害を多要因が想定される現象であるとしつつ，いくつかの臨床作業仮説を挙げている。この中で，認知発達に関しては，性同一性障害を持つ子ども（平均 6 歳）が統制群と比較し，性別恒常性の習得に発達ラグがあることを指摘している。このことから，性別恒常性習得前の未成熟なジェンダー認知が，こうした子どもたちが抱く"性別が変わるというファンタジー"の燃料となっている可能性を述べている（Zucker et al, 1999）。

したがって，思春期前の子どもが対象である場合，ジェンダーに関する認知発達のレベルを心理アセスメントによって見積もる作業が必要となる。こうした心理アセスメントをして対応しているケースについて結果とともに紹介した論考については，佐々木（2015）を参照いただきたい。

また，欧米データでは，小児の性同一性障害をもつ子どもたちのうち，青年期以降も性別違和を持続させていたのは，おおよそ 20％程度（Drummond et al, 2008；Green, 1987；Singh et al, 2021；Steensma et al, 2013；Wallien & Cohen-Kettenis, 2008；Zucker & Bradley, 1995）であり，その多くは性別違和を持たないことが示されてきている。したがって，性同一性を固定したものとして捉えるのではなく，子どもが直面するさまざまなストレスの軽減を図りつつも，流動性を保障することが重要であると考えられる。

3. 流動性の保障のための保護者支援

　子どもの性別違和を「一過性に違いない」「一過性であってほしい」という思いを持つ保護者がいる一方で,「一過性ではない」という思いを持つ保護者もまたいる。いずれの思いも,子どもの流動性を保障し難い環境のため,ここに支援をする必要があるだろう。

　まず,性役割行動と性同一性が異なる概念であることを共有する必要がある。保護者は,極端な異性役割行動から,自分の子が異性の性同一性を「確立している」とみなすことがあるが,専門職の立場として伝えるべきは,性同一性が"発達するもの"であるということである。性同一性は,幼児期・学童期に性別概念の認知能力が発達した後,思春期以降,第二次性徴による性成熟だけでなく,自己の性役割パターンや性的指向,その他さまざまな環境的影響を受け,意識的にせよ無意識的にせよ性自認の省察（reflection）が行われ,育まれていく。このように,幼児期・学童期に極端な異性役割行動をとり続けたとしても,青年期以降,異性性同一性を発達させるとは限らないことへの理解を促す必要がある。

　保護者には,子が抱く「性同一性」と「性役割」の混合を整理する役割を担ってもらう必要もある。性別恒常性が未発達で,知覚優位の表層的な認知段階にある場合,「女（男）の子の格好がしたい,だから私は女（男）の子だ」という認知混乱がみられることがある。こうした認知発達段階の場合,「女（男）の子であること」の本質的な理解は伴っていない。たとえば,この段階の男児に「女の子ってどういうのが女の子？」と問うと「ピンクとか可愛いのを持つのが女の子」と答え,「男の子は可愛いものを持ったらおかしい」から自分は女の子だと思っていることがある。あるいはこの段階の女児が「無理やり女の子の服を着させられちゃう」という不安から,男の子にならなくてはと思っていることがある。このように表面的な視覚情報に支配されている認知発達段階では,周囲が認知の成熟を促すような問いかけをしても訂正困難であることもある。表層的で知覚優位の認知は,認知発達の成熟とともに,低減されるようになるので,保護者には,子の好む行動を尊重し,子が安心して日常生活を送れるよう接することを促す一方で,「その行動を取りたいからといって,その性別にならなくてはいけないということはない」と

いう言語・非言語メッセージを子に伝える重要性も強調する。さらに，子の持つ表面的で硬直的なジェンダー・ステレオタイプに対しては柔軟性を育めるよう，長期的な視点で日常を過ごす工夫を促す必要があるだろう。

"流動性の保障"という基本姿勢は，「一過性に違いない」と願う保護者に対しては「将来的に子が性別を変えて生きていく可能性」への準備に繋がり，「一過性ではない」と思う保護者に対しては「一過性であったとしてもサポートの必要がある」というメッセージを伝えることに繋がる。大多数の性別違和を持つ思春期前の子どもたちは，先行研究を見る限りでは一過性である可能性が高い。それでも「一時の性の揺らぎなんかではない」という思いを抱く保護者もいる。これは「子の意思を尊重しない親にはなりたくない。重要なことだと受け止める親でありたい」という思いが背景にあるだろう。一時的だと軽んじられることへの不満や不安を持つこともある。われわれは，こうした不安をしっかりと汲み取り，サポートする意思を伝える必要があるだろう。また，性別を変えて生きていくことの経済的，時間的，身体的負担をあまり深く考えずに「子を尊重」する保護者もいる。いずれも，「今」だけで見ずに発達的視点を据え，長所を発見しながら長期的に保護者を支えていく必要がある。

4. 流動性の保障のための学校支援

性同一性は，子どもの日常生活の中で育まれていくので，学校外の精神科医や心理職は，学校との連携をしたほうが望ましいだろう。しかし，たとえば本人や保護者が連携を望んでいない，学校生活をこれまでと変わらず送ることを優先とするため連携は不要等，さまざまな事情があるので，個々に応じた対応が望まれるのは言うまでもない。

連携にあたっては，冒頭で述べた2015年4月30日の文部科学省通知に沿って話を進めると管理職に安心してもらいやすくなる。学校が求めているのは，子どもの具体的な状態と具体的な対応である。こちらで持つ情報と学校が持つ情報を併せて会議内でそれを詰めていくことが望まれる。少なくとも専門家の意見・要望を学校に呑ませに行く，という場ではない。ただし，「流動性を保障する」という姿勢は共有できるようにしたい。

認知発達段階から考えれば，この時期は「具体的操作期」にあたる。つまり，具体的な状況や場面があれば，その都度，多方面から考えていくことができるようになるが，仮説的思考は，まだ困難な段階にある。したがって，大人が先走り，前もってあれこれと考えさせるよりも，本人が直面化して「こうしたい」という思いが出たときに教員に伝えられる人間関係を作ることに重点を置くように伝える。

問題となるのは，学校がどこまで本人の望む行動を認めるかである。「女（男）子にならなければ，女（男）子的な行動をとってはいけない」と学校が硬直的なありようを求める場合には，文部科学省通知にある「当該違和感は成長に従い減ずることも含め変動があり得るものとされていることから，学校として先入観をもたず，その時々の児童生徒の状況等に応じた支援を行うことが必要であること」を示し，管理職の決断負担を軽減するように努めたい。

II　思春期・青年期における性別違和を持つ子ども

1．自己探求を保障する①：GnRHアゴニスト製剤

第二次性徴が発来し，性的衝動が高まり，身体が性的に変化していくのが思春期である。第二次性徴の始まりには個人差が見られ，早い子どもでは9歳くらいから見られるようになる。この変化は，「突然に」しかも「受身的に」やってくるので，思春期の一般的な不安材料とされる（伊藤，2008）。そのため，私たちはこの不安を受け止め，場合によっては第二次性徴を薬剤で阻止するためのGnRHアゴニスト製剤の投与も視野に入れて，ゆっくりと話を聞く必要があるだろう。この治療を始めるか否かについては，ある程度の経過を見て，本人や保護者との話し合いを丁寧にした結果，推し進めることであるので，性別違和を持つ子どもがいる場合は，思春期が始まるかなり前から，時間をかけて見立てていくことが望ましい。臨床心理士や公認心理師は，身体治療のための意見書を書くことができる。詳細は「性別不合に関する診断と治療のガイドライン（第5版）」を参照されたい。

日本の医療関係者の中には「この薬剤を使用した子どもは，その後，必ず

異性化ホルモンへと進む」という誤解や,「性成熟が完了していない子どもにのみ使用するものであり,完了した青年には使わない」といった誤ったイメージを持つ者もいる。筆者の留学していたカナダでは,GnRH アゴニスト製剤を推薦された子どもの平均年齢は,17.1（1.74）歳であり,第一選択薬として使用されていた。日本では,第二次性徴を止めて,自分の性同一性について今一度ゆっくりと熟考するという重要な段階をスキップし,安価であるという理由からなのか,最初から異性化ホルモンを投与する医療者がいる。また,子ども自身がインターネットで異性化ホルモン剤を購入して自己判断で服薬するということもある。10 代の子どもへの異性化ホルモン投与こそ慎重に判断すべきことであり,まずは第二次性徴を抑えるホルモン療法から始めるべきであることは,もっと周知されるべきであろう。

2. 自己探求を保障する②：アイデンティティの探求

　青年期では,これまで以上に他者意識が高まり,エゴ・アイデンティティ（自我同一性）の課題が浮上してくる。性同一性が本格的に形成されていくのはこの時期である。性同一性とは,「性別」に対する「アイデンティティ」であるため,置かれた社会集団内での位置取りや,発達段階を無視しては成立しえない自己概念である。特にこの時期は,主要テーマが性別のアイデンティティなのか,それとも性的指向のアイデンティティなのかを本人が捉えきれていないこともある。ゆっくりと自分のセクシュアリティを探求する時間を保障し,そして常に肯定的な伴走者として共に考えていくことが私たちに求められることだろう。というのはこの時期,生き急ぐかのように「早く性別を変えなくては」と焦ったり,性別を変えること「のみ」が人生の目標となったり,「女が好きだということは自分は男だ」と単純化したがったりと,特有の不安表出行動が見られることがあるからである。そもそもこの時期は,自分の複雑な心情を言葉に結晶化する能力が一般的に未発達である（伊藤,2008）ので,セクシュアリティにまつわる不安の実体を本人が捉えられていないということもある。すなわち,この時期にこそ,自分にゆっくりと向き合い,自分のセクシュアリティの各要素（性同一性,性役割,性的指向）を丁寧に検討・探求する時間と空間が保障される必要があるといえる。私たち

は，セクシュアリティのさまざまな側面を子どもに情報として伝える心理教育的な関わりを持ちつつも，ジェンダー・アイデンティティ探求を支援するために「男（女）になるって，あなたにとってはどういうこと？」「好きになった人が今のままの性別でいてほしいとお願いしてきたら？」など，言語化を促す問いかけを含んだカウンセリングを行うことも必要となるだろう。そして，本人が「肯定的な自己像」を形成するために，本人もわれわれも，どのような多様な性のありようも肯定的にイメージできるようになることが肝要である。たとえば，子どもが「男でも女でもないというのが一番しっくりくるかも」と述べた時に，そのありようを肯定的に受け止めることができれば，子どもも安堵感を得ることができる。セクシュアル・マイノリティに関わる専門職は，多様なセクシュアリティの肯定的なイメージを豊富に持っておく必要があるだろう。

3. 自己探求を保障する③：学校支援

　アイデンティティ理論を提唱した精神分析家のエリクソン（Erikson, 1959）は，青年期の課題として，アイデンティティと性的（sexual）アイデンティティの課題の他に，時間的展望，自己確信，役割実験，達成の期待等を挙げているが，特に，この役割実験は，自分のセクシュアリティがどうなり得るのかを考える上で，重要な課題の一つであると考えられる。そして役割実験をするためには，学校が"モラトリアム"を認識する必要がある。

　学校との連携の基本については前述の通りであるが，それに加えて，青年期支援においては，役割実験を保障してほしいと伝えることが要である。制服や体操服の選択も役割実験である。文化祭や修学旅行などのイベントでも役割実験が可能かもしれない。役割実験とは，生きていく基準を模索することであるので，セクシュアリティに特化した役割実験とは，さまざまな性の有りようを通して，本人が自分にしっくりとくるセクシュアリティの有りようを見つけ，自信を得ていく過程といえる。役割実験である以上，さまざまに試そうとする子どもの権利を認める必要がある。一度決めたらもう変えることは許さないという硬直した姿勢ではなく，どうモラトリアムを保障できるかについて話し合いの場がもたれることが望ましい。そして，役割実験内

容について先走って項目を挙げて「このことについてはどうするか？」を突きつけるのではなく，何が変わると学校生活がつらくなくなるのか，どんなことができると学校生活が楽しくなりそうか，あくまでも本人に考えさせ，対話の時間を持つよう学校に促したい。

　性同一性障害や性別違和の診断書は，GnRHアゴニスト製剤をはじめとするホルモン療法など「医学的介入が望ましい」とされたケースにのみ必要となるものであり，当然ながら，役割実験をするために学校へ提出する必要性はまったくない。また，学校側も，診断書の紙切れ一枚が欲しいわけではなく，外部の専門職からの当該生徒に対する「具体的な情報と具体的な対応」を知りたいのである。学校側に不安と不満を抱かせないよう留意したい。

Ⅲ　性別違和を持つ子どもを支援する専門職に求められる姿勢

　以上，発達段階からみた，幼児期から青年期にかけての性別違和を持つ子どもたちについて述べた。いずれの発達段階にも共通する，子どもたちを支える専門職に必要なことは，多様なセクシュアリティの濃淡を肯定的に理解することに加え，長い発達プロセスの大事な一通過点として今を捉え「寛容性を持つこと」である。早急な判断に価値を置かず，断定を戒めること。曖昧さ耐性（Budner, 1962）を持って接すること。子どもたちは"大いに悩むことができている"だろうか。私たち大人は"子どもたちが自己否定せず安心して大いに悩むことができる環境"を提供できているだろうか。曖昧なものを曖昧なまま受け止められる大らかな心的構えを持っていたい。

文　　献

Budner S（1962）Intolerance of ambiguity as a personality variable. Journal of Personality 30 ; 29-50.
Drummond KD, Bradley SJ, Peterson-Badali et al（2008）A follow-up study of girls with gender identity disorder. Developmental Psychology 44 ; 34-45.
Erikson EH（1959）Psychological Issues : Identity and the life cycle. International Universities Press.（小此木啓吾訳編（1973）自我同一性．誠信書房）

Green R (1987) The Sissy Boy Syndrome and the Development of Homosexuality. New Haven, CT, Yale University Press.

伊藤美奈子 (2008) 思春期のこころ探しと学びの現場—スクールカウンセラーの実践を通して. 北樹出版.

Kohlberg L (1966) A cognitive-developmental analysis of children's sex-role concepts and attitudes. In : EE Maccody (Ed.) The Development of Sex Differences. Stanford, CA, Stanford University Press.

Ruble DN, Taylor LJ, Cyphers L et al (2007) The role of gender constancy in early gender development. Child Development 78 ; 1121-1136.

佐々木掌子 (2015) 小児・青年期の性同一性障害への心理的アプローチ—思春期前の性同一性発達に焦点を当てて. 児童青年精神医学とその近接領域 56 ; 41-44.

Singh D, Bradley S J, Zucker K J (2021) A Follow-Up Study of Boys With Gender Identity Disorder. Sec. Public Mental Health. Front Psychiatry.

Slaby RG, Frey KS (1975) Development of gender constancy and selective attention to samesex models. Child Development 46 ; 849-856.

Steensma TD, McGuire JK, Kreukels BPC et al (2013) Factors associated with desistence and persistence of childhood gender dysphoria : A quantitative follow-up Study. American Academy of Child and Adolescent Psychiatry 52 ; 582-590.

友野隆成・橋本宰 (2006) 対人場面におけるあいまいさへの非寛容と精神的健康の関連性について. 心理学研究 77 (3) ; 253-260.

Wallien MS, Cohen-Kettenis PT (2008) Psychosexual outcome of gender-dysphoric children. Journal of American Academy of Child & Adolescent Psychiatry 47 ; 1413-1423.

Zucker KJ (2008) Children with gender identity disorder : Is there a best practice? Enfants avec troubles de l'identité sexuée : y-a-t-il une pratique la meilleure? Neuropsychiatrie de l'enfance et de l'adolescence 56 ; 358-364.

Zucker KJ, Bradley SJ (1995) Gender Identity Disorder and Psychosexual Problems in Children and Adolescents. New York, Guilford Press.

Zucker KJ, Bradley SJ, Kuksis M et al (1999) Gender constancy judgments in children with gender identity disorder : Evidence for a developmental lag. Archives of Sexual Behavior 28 ; 475-502.

Zucker KJ, Bradley SJ, Owen-Anderson A et al (2010) Puberty-blocking hormonal therapy for adolescents with gender identity disorder : A descriptive clinical study. Journal of Gay & Lesbian Mental Health 15 ; 58-82.

学生相談における
セクシュアル・マイノリティ

高石浩一

I 学生相談の現場から

　大学の学生相談の現場にゲイやレズビアン，いわゆるセクシュアル・マイノリティの学生たちが現れるようになったのは，それほど昔のことではないし，その多くはセクシュアル・マイノリティを直接に主訴とするものではなかった。「なぜか元気が出ない」「やる気が起きない」，あるいは「必要科目の単位履修に支障があって」といったうつ状態や，どちらかというと曖昧な悩みが主であり，セクシュアル・マイノリティであることはよほど関係が進むまでは話題には出ず，たとえ語られたとしても，ついでのように語られることが多かった。カウンセラーの同僚たちも「そんな学生に会ったことはない」と話す者も少なくなかった。

　ある時期，筆者はたまたまジェンダーやセクシュアリティに悩む学生たちの相談が相次いだことがある。当時はとりわけアライ[注1]を強調していたわけではないし，私自身がまだまだ古い価値観に縛られていた頃の話なので，何が起こっているのだろう……という戸惑いの方が大きかった。

　小学校，中学校，高校と，多様性が高唱されるようになったとはいえ，現実的にはまだまだ暗黙裡に性別二元論が根強い教育現場で育ってきたセクシュアル・マイノリティの学生たちは，大学生になり，自らの性自認や性的

注1）セクシュアル・マイノリティのことを理解し，協力しようとする支援者のこと。

指向が焦眉の課題となる時期に及んで，それまで封印してきたり，見ないようにしてきた問題と直面することになる。その意味で大学の学生相談機関は，セクシュアル・マイノリティのアイデンティティ形成にとって，非常にクリティカル（深刻で危機的）な時期を担っているといえるように思う。本論では，まずは筆者のささやかな体験から，学生たちが語ってくれたいくつかの言葉と，それらを通して筆者が当時考えていたこと，その後，時代の変化に伴って新たに考えるようになったことなどを中心に報告してみたい（なお，事例は同定を避けるために，適宜改変している）。

1. 事例 A

中学時，周囲との溶け込めなさに一時期不登校状態になったＡさんは，高校入学後に友人にも恵まれ，元気に通学するようになった。しかし，アイドルや異性の話に盛り上がる同級生たちとの会話にはどうしても違和感があり，男女を意識しないで打ち込めるサークル活動が唯一の心の拠り処だった。ある時いつも一緒に行動していた先輩に，ゲイであることを打ち明けられ，彼女自身の内にも自らの違和感の正体が次第に形をとってくるのを感じた。「ひょっとしたら私も先輩と同じような悩みを抱えているのではないか……」なぜか馴染めない周囲の同級生たちの会話，何が楽しいのかわからない男の子たちの話題……しかし高校生の時点でそれは「何だかわからない違和感」以上のものとはなり得なかった。

やがて大学に進学したＡさんは，「友人関係の悩み」を主訴に学生相談室を訪れるようになった。高校時代に薄々感じてはいたが，必死で打ち消そうとしていたある思い，「好きな友達」を前に「自分は同性愛者ではないか」という思いに，いよいよ直面せざるを得なくなってきたからである。たまたま直前に相談に来ていた別の学生に，「実はパートナーは，同性なんですけど」と打ち明けられたところだったこともあって，筆者はＡさんのインテーク面接で「ちなみにあなたの好きな友達って，男の子，女の子？」と尋ねた。後年彼女は「この時に，見抜かれた，と思った」と語った。もちろんこれは上記のような理由で，たまたま思いついたささやかな疑問でしかなかったのだが，この質問をしたおかげで，以降Ａさんとの長いつき合いは始まった[注2]。

大学在学中のAさんの悩みは，もっぱら特定の同性の友人との関係をめぐって展開した。「『一緒に旅行に行こう』と誘われるけど，その時には一緒にお風呂に入らないといけない……彼女の首筋を見ていると，ムラムラと変な気持ちが湧き起こってくるのだけれど，それを彼女は受け止めてくれるだろうか。彼女は私のことを友人としか思っていないのに，私の方がこんなふうに感じていることを知ったら彼女はどう思うだろう……」。

ある時，仲良しグループで一緒に飲みに行った帰り，「自分は同性愛者かもしれない」とカミングアウトしたら，男性の友人に体を触られたこともあった。「男性に触られても，嫌悪感しか感じない。やっぱり私は同性愛者なのかもしれないと真剣に思うようになった」と言う。こうしたいかにも危なっかしいクエスチョニングの時期を経て，やがてAさんは同性愛者としてのアイデンティティを模索し始める。

「お正月に田舎に行くのが嫌。親せきやお祖母ちゃんに，『いつ孫の顔見れるんや？』と聞かれるから……そんなことは一生ないのに……」。後述するが，次世代を持てないかもというこの絶望感は，セクシュアル・マイノリティの生きにくさの中核にもなっているように思う。少なくとも彼ら彼女らの日常生活には，決して気づかれることのない，こうした棘のある言葉が充満していることを教えてくれたのもAさんである。

やがてAさんはレインボー・パレードにも参加するようになり，同性のパートナーもでき，学生相談としての面接は，さしあたりの終結となった。

この事例を通して筆者がつくづくと感じさせられたのは，大学という時期

注2)「セクシュアル・マイノリティ専門のカウンセラー，という触れ込みだったら相談に行かなかったと思う。決めつけられてしまうような気がしたから……」とAさんは言った。ともすると先輩として，ピアとしてのセクシュアル・マイノリティ支援が高唱されるが，クエスチョニングの学生たちにとっては，その逡巡と迷いの時期を共に歩んでくれる存在こそに重要な意味があるのではないか。つまり「ふつうの」カウンセラーの「ふつうの」相談の方が，時に望ましいこともあるということなのであろう。それでも，入口の所で多様性にひらかれている，あるいは性別二元論にとらわれていない，ということをアピールする工夫は必要かもしれない（アメリカの学生相談室では，カウンセラーのドアにレインボーフラッグのステッカーを貼っている人もいる）。

が上記のように自らのセクシュアリティの確認にとってクリティカルな時期であること，それだけにさまざまな試みや事態へのニュートラルな聴き手の態度が求められること，何よりもそっと語られる「周囲への違和感」や「溶け込めなさ」の背後に，生育史全般にわたる悩みが潜んでいる可能性があることなどである。

2. 事例B

　小学校時代，背後で仁王立ちになって自分に勉強を強いる母親のイメージが脳裏を離れない……と訴えるBは，しかしそういった厳格な育てられ方に対する反動のように，面接室では寝そべって怠そうな話し方をする青年だった。時にタメ口で筆者に話し掛けながら，「しんどい，しんどい」と日常生活の無為を愚痴っていた。面接はなかなか深まらなかったが，ある時「怖いおかんに対する反動かな……女になって，相手してくれる（男の）人探しに行くねん」と自らの女装写真を見せてくれた。モデルのような女性が，そこには映っていた。彼は休みになると繁華街に出かけて行って相手になってくれるおじさんを探しに行く，とスポーツにでも行くような軽さで語るのだった。

　悩みは特になく，課題レポートの作成が「しんどい」と愚痴りにふらりと相談室を訪れるような来談状況だったが，時折, 現状報告のように「彼女ができて，これからツーリング行く」と楽しそうに話しに来たり，「後輩の可愛い男の子がなついてくるので，今度いろいろ教えてやろうと思ってる」といった話をしに現れる。男っぽいスポーツに打ち興じるかと思えば，編み物をしたり服を自己流にデザインして女子力をアピールしたり，「バイ（セクシュアル）は人生, 倍（バイ）楽しめるよ」と言葉通りの屈託のなさであった。

　当時は，自分らしくいられる場所と相手が必要なのかもしれない，とBのこうした来談状況をあまり正面から取り上げることはしなかった。ただ「軽さ」の背後にある「（重い）思い」にも目を向けているべきであったと，今は思う。少なくとも「興味関心をもって聴く」だけでなく，もう少し踏み込んで「感想も交えて対話する」関係を築けたらよかったかもしれない[注3]。その後に出会った別のバイセクシュアルの学生も「こんな変な自分のことは,

誰にも打ち明けられない」,「バイにはバイなりの深刻な悩みがある」と語っていた。

3. 事例C

中学,高校時代から同性愛者であることを薄々自覚していたCは,同性の仲間たちと共に汗にまみれて励みあえる運動部が格好の居場所だった。一生懸命練習し,共に勝利を目指して戦い,喜び合う……とうとう県大会の代表選手にまで選ばれるほどになった彼は,それだからこそカミングアウトに慎重だった。仲間に自分のことを打ち明けることを想像するだけで気が滅入り,頭が一杯になって何も手につかなくなった。優秀だった成績も下降の一途をたどり,うつに悩まされるようになった。投薬を受けても気が紛れるだけで,根本的な解決には程遠いと感じていた。

第一志望ではない大学に入り,彼は同じような仲間たちに出会った。皆は同性愛者である彼を優しく迎え入れてくれ,アライとして一緒に活動してくれるようになった。周期的にうつの波は襲ってきたが,カウンセラーと友人たちが支えてくれた。やがて彼はセクシュアル・マイノリティの支援団体を大学内で立ち上げ,自らも積極的にカミングアウトして自分たちの存在をアピールするようになった。

相談を受けていた筆者はCが今後,どのように生きていくかという迷いに付き合った。より深く自分自身のことを見極めていきたい……しかし大学院に進むには資力も気力も必要である。「気晴らしに旅行でも行ってきたら」という筆者の提案を受けて,Cは2週間ほど北米のゲイタウンや,ゲイコミュニティーに出入りしたが,彼はそこにも違和感を抱いて帰って来た。ハード過ぎて「自分の居場所はない」とのことだった。卒業してもなお,彼の「居場所探し」は続いている。

注3）彼らの「軽さ」の背景には,これまで「変な人」と言われたり,傷つけられてきた体験が隠れていることがある。だから「大したことではない」というそぶりを見せながら,少しでも批判的な言葉には激しく傷つく繊細さを併せ持っている,と考えておいてよいように思う。「対話」を強いるのは論外だが,傷つけることを恐れての「受容と共感」も決して専門的とは言えないだろう。今となってはBと「もう少し,話し合っておけばよかった」というのが,筆者の心残りである。

もともと学力面でも運動面でも高い能力を持つCだったが、それだけに進路をめぐる悩みは深かった。もっとも進路問題だけが悩みの中心であれば、ある程度対処はできたかもしれない。後述するようにセクシュアル・マイノリティの学生は大学生の短い期間に、生涯にわたる人生の課題にまとめて直面してしまうことが、問題への対処を難しくしているように思う。普段はしない「提案」をしてしまった筆者もまた、そうしたいくつもの課題の切迫感への「息抜き」を求めてしまったのかもしれない。

4. 事例D

筆者が最初に出会った時、Dは小柄な男子学生だった。小学校、中学校、高校……各時代の様子を聴く形でインテークにおける生育史の確認をしていた筆者は、ふと違和感に捉われて尋ねた。「あれ、もうあなたの時にはその高校、男女共学になっていたんだっけ？」「ええ、共学で入った最初の学年です」「そうなんだ……」。

後年、Dは当時のことを思い起こして述懐してくれた。「あの時に、ああバレた、と思いました。年齢のことを聞かれたり、小さい頃のことを聞かれたりする時は、いつも気をつけていたんですが……」。

日本に限らず欧米でも、MTF (Male to Female) と比べると、FTM (Female to Male) は外見上パスしやすい[注4]。背の高いがっしりした女性は目立つが、小柄な男性は見とがめられることは少ないからである。

しかし、彼ら彼女らは過去が露見することを恐れて、常に会話にも気を配っている。一瞬たりとも気を抜けないのは、上記のように何気ない会話を通して、自分たちの過去が暴かれる手掛かりを相手に与えてしまうかもしれないからである。こうした事態が、いかにストレスフルな日常をもたらすかは察するにあまりある。その意味で「性別にこだわらないよ」という表現は、い

注4) トランスジェンダーにとってパスする（周囲に受け入れられる、あるいは見破られない）か否かは非常に大きな問題である (Brown & Rounsley, 1996)。パスするならカミングアウトは必要ないからである。もとより、自分が自分らしく生きることに何の説（釈）明が必要であろう。

かにも物足りない。彼ら彼女らがそうした日常をこれまでも送ってきたし，これからも送っていかねばならないということに思い至る想像力が必要だからである。

II　セクシュアル・マイノリティの精神病理
——パーソナリティ障害，発達障害，自傷など

　冒頭で述べたように週1回の学生相談の枠組みの中で，セクシュアル・マイノリティであることが主な話題になることはそれほど多くない。ただし，非常に活発な性的行動化が報告されることはあるし，時にはそれがボーダーラインの行動化のように思える時もあるかもしれない。しかしAさんやBさんのように，奔放に見える彼ら彼女らの性的行動化が，実は自らの性自認や性的指向の確認のための必死の試みである場合がある。大学生の時期は，（同性にしろ異性にしろ）ようやく公然とパートナー探しが認められる時期でもある。その意味でも，セクシュアル・マイノリティの学生たちの性的行動化を短絡的にパーソナリティ障害などと結びつけないようにしたい。

　またセクシュアル・マイノリティの一群の人々の中にも，ASDやADHDといった発達障害の傾向を持つ人はいる[注5]。そういった場合に時折みられるのは，生育史上の生きにくさ，小，中，高等学校時代や現在の不適応感を，「発達障害だから」あるいは「セクシュアル・マイノリティだから」と，どちらか一方の原因に還元する形で物語化することが少なくない，ということである。「セクシュアル・マイノリティだから……」と語る学生たちの生育史や日々の困難さに耳を傾けていると，「それはひょっとすると，発達障害の特性に基づくものではないか……」という思いが脳裏をよぎることがある。あるいはその人自身の個人的な性格傾向や，環境に由来する困難さであるように感じたりすることもある（逆に「ASD（ADHD）だから……」と語る学生に，

注5） 発達障害とセクシュアル・マイノリティとの関連は，恐らく相当慎重に議論されるべき話題である。ただ，セクシュアル・マイノリティの専門家たちとの意見交流においても，共存することが少なくないのではないかといった感想が見られたことは興味深い。今後の検討が待たれるところである。

セクシュアリティの未熟さや希薄さを感じる時もある）。重要なことは，語る側も聴く側（カウンセラー側）も，あらゆる意味での「多様性」[注6]に開かれ，視野狭窄に陥らないようにしておきたい，ということであろう。物語化はクライエントの能力だが，その道筋はいくつもあることを，少なくともカウンセラーは肝に銘じておきたい。

　活動的なセクシュアル・マイノリティ学生の中には，多様性を認めない社会に対して仲間と連帯して活動することで自らの存在をアピールし，またそうした活動を行う場所に自らの居場所を見出すCさんのような人もいる[注7]。しかしそれでもなお，ふとした折に自傷や希死念慮が首をもたげることがないわけではない。「周囲に合わせることができない自分は，この先一生闘い続けねばならないのではないか……」といった絶望感に捉われたりする。セクシュアル・マイノリティに突発的な自傷や自死が少なくない理由の背後に，こうした絶望感が関与している可能性は否定できない。

　セクシュアル・マイノリティの絶望感については，今一つ指摘しておきたいことがある。それはAさんも語っている妊娠，出産の問題，エリクソン流にいえばgenerativity（世代継承性，生殖性などと訳される）[注8]の問題である。セクシュアル・マイノリティにおいては，「私は何者か？」という青年期のアイデンティティの課題と共に，「他者との親密な関係を持てるのか」「次世代を作ることができるのか」という成人期や壮年期における課題と，この大学生の時期にいちどきに直面せざるを得なくなる。それゆえセクシュアル・マイノリティの学生たちがそうした各世代の課題一切を飛び越えて，「絶望」といった老年期の心理学的危機に直面することも理由のないこ

注6）発達障害については最近，ニューロダイバーシティという観点が注目されるようになってきている（村中，2020）。ジェンダーやセクシュアリティも含めて，これはマジョリティ，マイノリティという区分ではなく，多様性という範疇でさまざまな特性をとらえ直そうという動きであると思われる。その行き着く先には再び，個々人のありのままを尊重するという，心理臨床的な観点があると思う。

注7）他方で，周囲との軋轢を避け，ひっそりと他人に知られないように生きたい人もいる。どちらもその人なりの生き方の選択なのだから尊重すべきであることは言うまでもないが，見かけと内面の苦悩はまた別物である。彼ら彼女らは「本当の自分」を永らく隠し通してきたスペシャリストであるということを忘れないようにしたい。

注8）田渕（2010）はこの概念の変遷について詳細に議論している。

とではない。彼ら彼女らがセクシュアル・マイノリティであることを受け入れるということは，多くの人々が生涯にわたってゆっくりと直面する課題に，大学生という非常に短い時期に一気に直面するということなのである。

Ⅲ　合衆国の大学における
セクシュアル・マイノリティ相談

　ここで少し視点を変えて，合衆国の高校，大学におけるセクシュアル・マイノリティの相談活動について報告してみたい。筆者は以前，「高校のスクールカウンセラーや大学の学生相談が，セクシュアル・マイノリティの学生たちにどのような支援を行っているか」「セクシュアル・マイノリティの相談の受け手として，どのような知識や態度，教育が求められるか」を視察するために，合衆国カリフォルニア州の高校，大学や地元のNPOなどをいくつか訪問したことがある（高石，2012, 2013）。

　そこで印象的だったのは，学生相談における担当者はネームプレートに「LGBT, 就学問題」といった形で専門分野を明記している，ということであった。また高校のSC（School Counselor）が昼休みにGSA（Gay & Straight Alliance）を主催し，セクシュアル・マイノリティの生徒たちに校内の居場所を提供しているということも興味深かった。さらにLGBT-affirmative Therapyのあり方として中学高校のSCや大学の学生相談担当者が強調していたことは，LGBTに関する知識は前提として，むしろ重要なのはカウンセラー自身の内省と多様性に開かれた態度，援助を求める個人として一人ひとりを尊重するという，カウンセラーとしてもっとも基本的な態度であった。

　大学でGSA活動を展開しているセクシュアル・マイノリティの学生たちは「皆に僕たちのことを知って欲しい。それ以上に専門家の人たちに僕たちのことを知って欲しい」と語っていた。セクシュアル・マイノリティの生育史，苦悩の半生を知れば知るほど，「別に特別視していないよ」という言説は何の免罪符にもならない，ということに気づかされる。筆者が訪問したSonoma州立大のLindsay Brooks博士は，「LGBT-affirmative Therapyについて知っておくべき十箇条」として以下の項目を挙げている。

1. LGBTの歴史
2. LGBTが遭遇するステレオタイプな反応
3. L, G, B, Tそれぞれの問題と欲求についての理解
4. ホモフォビア，バイフォビア，トランスフォビアの理解
5. LGBTアイデンティティの発達モデル
6. LGBTの恋愛関係の特徴
7. **LGBTに対する自らの反応**
8. LGBTへの宗教的葛藤
9. LGBTへの文化的価値観
10. LGBTへの安全で支持的な環境

　臨床心理士や公認心理師といった心理臨床家の教育カリキュラムには，強調されている「7」はもちろんのこと，上記のような内容がほとんど組み込まれていないのが現状である。多様性が高唱される昨今，心理臨床の業界だけがセクシュアル・マイノリティに対していまだにどこか冷淡であるように感じるのは筆者だけであろうか。

Ⅳ　改めて，今後考えねばならないこと

　改めて，今後の学生相談担当者が考えていかねばならないこととは何かについて，最後に一言触れておきたい。それは松中(2015)も述べているように，「まずは，ゲイ（セクシュアル・マイノリティ）の友達を作りなさい」ということであり，要するにセクシュアル・マイノリティを知ること，存在を意識すること，さらに（専門家を標榜するしないは別として）信頼して話しあえる関係を作っていくこと，であろう。車椅子で生活しなければ日常生活における段差の不便さや掲示の高さが実感できないように，基本的にセクシュアル・マイノリティの生活上の困難さは，性別二元論に無自覚に捉われている間は気づき得ないことが多い。それを教えてもらえる関係，打ち明けてもらえる関係づくりが始まりだろうと思う。
　そうしてその上で，常に意識をアップデートしていくことも必要である。

新たな気づきを受け止め，互いを尊重し，過ちを正し，新たな状況に積極的に対処していくこと……価値観は多様化し，かつての常識は非常識となっている昨今，過去の価値観に拘泥することは，頑迷固陋(がんめいころう)というよりはむしろ社会の進歩にとって妨げであると言っても過言ではない。とりわけ，社会の最先端の縮図である大学において相談活動を行う者にとって，価値観のアップデートは必要不可欠である。

　今一つ重要なのは，前述の「十箇条」の「7」で強調されているように，自分自身の性自認，性的指向を問い直すことである。自分自身が誰のものでもない，自分の性（生）を生きることで，そうしたクライエントの生き方にもまた，共感を持って寄りそうことができると思うからである。多様性が叫ばれる昨今，とりわけこれからの学生相談担当者の奮起と精励を期待したい。

文　　献

Brown ML & Rounsley CA（1996）True Selves : Understanding transsexualism. San Francisco. Jossey-Bass A Wiley Imprint.
針間克己・平田俊明編著（2014）セクシュアル・マイノリティへの心理的支援．岩崎学術出版社．
村中直人（2020）ニューロダイバーシティの教科書．多様性尊重社会へのキーワード．金子書房．
松中権（2015）まずは，ゲイの友だちをつくりなさい．講談社．
田渕恵（2010）世代性（Generativity）の概念と尺度の変遷．生老病死の行動科学 15；13-20．
高石浩一（2013）カリフォルニアにおける LGBTQ 教育，キャリア教育の実態．京都文教大学臨床心理学部研究報告 5；103-112．
高石浩一，他（2012）サンフランシスコにおけるキャリア教育と心理臨床活動．京都文教大学心理臨床センター紀要 14；33-42．

ゲイ／レズビアンのライフサイクルと家族への支援

林　直樹

はじめに

　セクシュアル・マイノリティの子どもたちの多くは，思春期に入る頃になると，自身の性的なあり方（セクシュアリティ）が周囲の友人らと異なることを自覚して，とまどい混乱する。将来の見通しは突然不透明になり，今後人々や社会との関係をどう作り維持していけばよいのか，それ以前に本当にその中で生きていけるのか，多くは孤独の中で悩み続ける。中でも一番身近な家族との関わり方は，思春期・青年期だけでなく生涯を通じての重要なテーマとなる。あるものは青年期以降家族と距離を置いて，セクシュアリティの問題を家族には知らせまいとする。またあるものは自身のセクシュアリティをどこかの時点で家族に伝えて，家族との新しい関係を模索しようとする。それに対して家族の側も，あるときは困惑をあらわにしながら，またあるときは自責感を強く抱きながら，本人と関わろうとする（あるいは関わるまいとする）。このようにセクシュアリティの問題はそのまま家族の問題でもある。

　ここでは，セクシュアル・マイノリティの中でも，特に同性愛者であるゲイ／レズビアンを中心に，彼らのライフサイクルのさまざまな場面での問題を，特に家族との関わりを中心に見ていきたい。そしてゲイ／レズビアン当事者だけでなく，家族にも有効な援助のヒントを，いくつか提示できればよいと考えている。

I　家族のライフサイクルとゲイ／レズビアン

　中村は「サラリーマン」を夫あるいは父親に持つ我が国の平均的な家族のライフサイクルをジェノグラムで例示しながら，その「家族のストレス」を年代ごとに説き明かしている（中村，1997）。ここで示されたのは，ヘテロセクシュアル（異性愛者）同士が結びついた夫婦を核とした家族の典型例である。筆者はすでに他の論考で，中村に倣って，子ども世代にゲイ男性を含む家族のライフサイクルを想定し，それをいくつかの年代に分けてヘテロセクシュアルの家族のライフサイクルと比較することを試みた（林，2014）。ここではそれをあらためて紹介し，解説を加えていきたい。

　ここでは夫婦二人に第一子が女児，第二子が男児である家庭を仮定する。このうち男児がヘテロセクシュアルであるか，ゲイであるかによって，その後のライフサイクルがどう変わっていくかを見ていく。なお一般的なジェノグラムの書き方に準じて，四角は男性，丸が女性，二重の四角がここで中心として語られる男性本人である。なおここでは常識的に，幼小児期〜学童期を12歳くらいまで，思春期〜青年期前期を13歳から20代前半まで，青年期後期をその後30代後半までとして，おおむね40代，50代を中年期と，また60代以上を老年期と想定している。

1. 幼小児期〜学童期

　図1は男性が幼小児期〜学童期の場合。左が男性がヘテロセクシュアルの場合，右がゲイの場合であるが，この時期の家族構成はもちろん両者とも変わらない。同性に対する性的指向は，多くは思春期以降になって性衝動の高まりとともに自覚されるが，それ以前にも生来的にゲイ男性が備えているものであると考えられる。したがって思春期以前にも男性は，漠然とであるが自身の性的指向が同性に向かっていることを感じていることが多い。しかし多くは，いずれ変化するもの，解消されうるものと考えていることが多いと思われる。

　この時期，幼小児期や学童期の子どもを抱えた親の子育ての不安というの

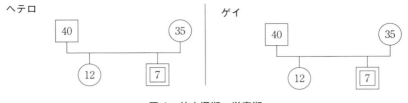

図1　幼小児期〜学童期

はさまざまであろうが，ゲイの場合には，あまりその子が外で活発に遊ばなかったり，スポーツなどその年頃の男の子が興味を持つものに関心を示さなかったりで，親は心配するかもしれない。それで過度に厳しくあたったり，「男らしさ」を強いてしまう親もあるようである。一方で子どもの側も，特に父親に対して距離を置こうとする場合もあるようである（Savin-Williams, 1996）。なお Green は，特に女の子っぽい男の子の多くが同性愛者か両性愛者になり，性転換者（現在の性同一性障害）になったのは少数であったという報告をしている（Green, 1987）。

またこの時期，親はいわゆる「働き盛り」の時期であり，家庭に割く時間が少なくなっている。子どもが学童期になると両親共働きとなる家庭も多く，実質子どもたちに関わる時間がどうしても減ってしまう。このことが後年男性のセクシュアリティの「問題」がわかったときに，親たちが自責的になったり，両親が互いに相手を責めることの一因になるようである。

2. 思春期〜青年期前期

思春期を迎え，性的衝動や性的な興味関心が高まる中で，自分の性的指向が同性に向かうことが，よりはっきりと意識されるようになってくる。そして自分が周囲の多くの友人たちとは「好きになる」対象が異なること，彼らとは「違う」存在であることを強烈に自覚するようになる。

もとよりこの時期は，自分がどういう存在であるか，自分はこの先どのように生きていくかなどを深く考える時期でもある。しかしその場合，ヘテロセクシュアルでは多くは自明のことである性的指向から，ゲイ／レズビアンは悩まなければいけない。またこの時期の悩みの多くは，通常は同級生や友

人などの仲間の中でのピアサポート的な関係や，親や教師などの姿や体験を見聞きすることで解消されていくものであるが，ゲイ／レズビアンの多くではそれが当てはまらない。周囲の友人の多くはヘテロセクシュアルであり，親も基本的にはそうであろう。その中でゲイ／レズビアンの若者たちは，常に注意深くヘテロセクシュアルのふりをしながら，家庭や学校，職場で適応的にふるまっていることが多い。この際に同性愛者が感じる葛藤のことを日高は「異性愛者的役割葛藤」と名付けている（日高，2000）。

　図2は男性が17歳になったときのジェノグラムを並べたものである。5歳上の姉は大学生であるが，サークルで出会った上級生と交際している。姉は彼をすでに両親にも紹介して，卒業を控えて，結婚を含めた将来のことを彼と話し合っている。男性がヘテロセクシュアルであれば，この時期姉の交際をきっかけに，本人の好きな同級生のことなどが，姉と語られ，あるいは家族の話題にも上るかもしれない。しかしゲイであれば，むしろ家族内ではそのような話題は避けるようにするかもしれず，それが家族にやや違和感をもって受け止められているかもしれない。もっともこれは家族によって差があろう。この時期はまだほとんどの親が，男性が性的指向について苦しんでいることには気付かない。これは先に述べたように男性が注意深く日々の生活を送っているためでもあるし，またこの時期進学や就職など進路のことに本人を含めた家族の最大の関心が向かいがちで，それに隠されてしまうためもあろう。それにまた，両親ともに仕事を抱えていればまだ多忙な時期である。

　であるので，この時期，男性の周囲に適応的にふるまおうとする努力が限界を超えて，彼が急に自室にひきこもり学校を休みがちになっても，あるいは急に学校の成績が下がりだしても，親はその理由がよくわからない。本人に尋ねてもはっきりと答えず，親も困惑する。夜遊びやいわゆる「不良グループ」との交際，女性であれば摂食障害や自傷行為など，この時期は多分にそれまでとは逸脱した行動が出やすい時期であるが，その背景に性的指向などセクシュアリティの問題があることも比較的多いのではと思われる。

　またこの時期には，インターネットで手に入れた画像や隠していたゲイ雑誌が親に見つかって，本人が予期しないところで，親にゲイであることを知られてしまうということがときにある。その一方で最近の書籍やインター

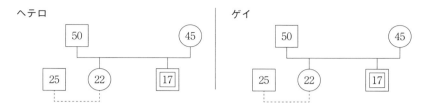

図2　思春期〜青年期前期

ネットでの情報量の増加から，青年がこの時期にあまり葛藤を経ずに「軽々と」，親に「カミングアウト」をする場合もあるようである。その場合の親の反応には幅があると思われるが，それを受け入れることのできない親からの養育の拒否や虐待の可能性は，常に念頭に置いておく必要がある。

3. 青年期後期

我が国で30代，40代男女の未婚率の上昇が叫ばれるようになって久しい。その背景には，「個」を優先させるようになった価値観並びにライフスタイルの変化や，厳しい経済状況の下結婚して家庭を維持できるような収入を適齢期の若者が得られないという社会的状況などがあると思われるが，それでもなおヘテロセクシュアルの場合には，ある程度典型的な青年期後期の家族像というのが，想定できる。

図3aの上段は図2より15年後，男性が32歳の青年期の後半にさしかかった時の，ジェノグラムである。男性は20代半ばで職場の後輩の女性と結婚，現在6歳の男児がいる。職場でもそろそろ後輩を指導する立場となり，職業人として，あるいは父親としての自分により自覚的になる頃だと思われる。男性の父親は定年退職後に再就労をし，また母親は趣味のサークル活動に忙しい。両親ともに時折孫が訪ねてくるのを楽しみにしながら，一方で自分たちの老後を否応なしに意識している頃であろう。そこには将来的な息子夫婦との同居など，ある程度家族に依存した老後のプランも考えられているかもしれない。

これに対して，この年代のゲイ／レズビアンのジェノグラムを想定しよう

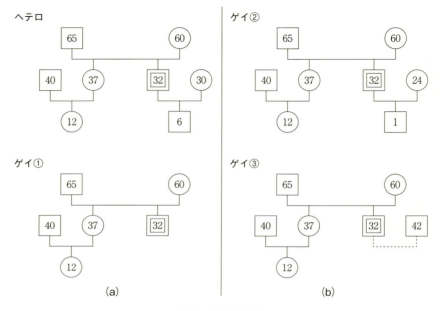

図3　青年期後期

とすると，なかなか典型例が描きにくいことに気付く。図3aの下段は，男性はまだ「一人」である。「一人」であるが，自分ではゲイであることを認めて他のゲイやゲイのコミュニティと接触を持っているかもしれないし，あるいは勇気を出して親や姉にも打ち明けているかもしれない。それとは逆にまだ自分でも認めることができず，インターネットなどを介して知り合う相手と性的な関係は持つが，他のゲイとは親密になれず，また周囲には誰にも打ち明けられずに孤独であるかもしれない。あるいは家族と距離を取ろうとして，実家を離れ遠隔地に住み，滅多に帰省しないという場合も多いと思われる。家族はそれが理解できず，一方で理由を問いただすこともできず，心の中で苦しんでいる場合もあるだろう。このように同じ「一人」であっても，この年代は多様なあり方が考えられる。

　また青年期後期のこの時期は，周囲からの結婚への圧力が最も強まる時期である。両親は，5歳上の姉の家庭や，男性の友人が結婚した話などをたび

たび引き合いに出しながら，「そろそろ孫の顔が見たい」と男性に結婚して家庭を持つことを促す。職場でも，仕事以外の同僚たちとの話は結婚生活や子どもの話になりがちで，ゲイである男性はとけ込めなさ，居心地の悪さを感じることが多い。親戚や上司などが，「見合い話」を持ち込んでくるのもこの頃である。また昇進などの条件として，結婚して家庭を持っていることが，暗黙の了解になっている職場もまだ多いと思われる。このようにゲイ／レズビアン，特にゲイ男性にとってのこの時期は，思春期と並んで精神的なクライシスに見舞われやすい時期と思われる。

図3bの上段では，ゲイである男性は女性と結婚して，表向きはヘテロセクシュアルとして生きていくことを選択している。妻との間には1歳になる子どももできている。しかしヘテロセクシュアルとしての性行動を完全にとり続けることは困難で，時折「ハッテン場」と言われる男性同士がセックス目的で出会える場所に通ったり，ネットで他の男性と知り合ったりしている。先行する世代の多くがしたと思われる選択であり，ゲイ／レズビアンの存在が認知されるようになった現在でも，しばしばあり得る夫婦の一形態である。

ゲイ男性が女性と結婚する場合には，自身の性的指向を自覚しながらも，家族や周囲との関係性から結婚を選択する場合以外にも，自身の性的指向をはっきりと自覚しないまま結婚をする場合，あるいは性的に男性に惹かれそのような性行動も取りながら，多くは強い否認のために自身をゲイだと認識しない場合，さらには結婚することで自身がヘテロセクシュアルに変わることを期待する場合など，男性の内面では結婚に対する意識にいくつか違いがあるようである（Ford, 2009）。

時には何かのきっかけで男性の性的な指向や行動が妻の知るところとなり，妻が非常に混乱して，相談機関に相談を寄せることもある。鍛治は自らの電話相談での経験から，既婚同性愛者とその配偶者・家族の支援の必要性と，同時にその難しさを指摘している（鍛治，2010）。

一方図3bの下段では，男性は10歳年上のパートナーを見つけて，実家から離れて一緒に生活をしている。男性は同居していることは家族に伝えても，二人の関係については詳しくは告げず，仕事の「仲間」とだけ伝えている。昨今の離婚率の上昇からもわかるように，パートナーシップの維持とい

うのはヘテロセクシュアルでも難しいことであるが，結婚という制度に守られず，あるいは「かすがい」となる子どももいないゲイ／レズビアンのカップルには，一層困難なことと思われる。

家族への「カミングアウト」の問題がいよいよ切実になってくるのも，この青年期後期と思われる。20代から30代初めにはまだ利いた周囲や自分自身への「ごまかし」が，この頃になると利かなくなってくる。あるいは利かなくなったと感じてしまい，家族との関係や日頃の人間関係での不自由さを一層感じるようになる。その結果，親密な関係の人には自身のセクシュアリティを明らかにしたいという，やむにやまれぬ思いを持つようになる。

このカミングアウトは，本人だけではなく，カミングアウトをされる家族にとっても大きな課題となる。特に両親にとって，この時期には老後の問題は現実のものとなっており，カミングアウトをされることで，親がその後の人生の計画を大幅に修正しなければならないことも考えられる。またカミングアウトを受けた親の多くはそれを受け入れていく過程で，自分たちの育て方が間違っていたのではと思い自責的になったり，自分たちのやってきたことを否定されたように感じ怒りを覚え，あるいは抑うつ的になるようである。それはキュブラー・ロスの「死の受容」の段階に似る（Robinson et al,1989)。カミングアウトを受けた後，親が親族や隣人とどういう関係を維持していくのかにも配慮が必要である。このようにカミングアウトは親にとっても，それまでに培われた人生観や人間観を試される試練の時となり，この時期を越えるためには本人に対する以上に強力なサポートが必要になる。つまりカミングアウトには単なる告白以上に，本人が家族や周囲との関係を新たに作り直していくという意味がある。

4. 中年期

図4は図3から15年後，男性が40代の中年期となった際のジェノグラムの比較である。父親は75歳で病のため亡くなっている。つまり親しい肉親との別れをすでに経験している。残された母親も70代半ばとなり，親の介護の問題は現在進行形のものとなっている。男性がヘテロセクシュアルの場合には，子どもは思春期から青年期を迎えて，親子の関係はしばらくやや緊

ゲイ／レズビアンのライフサイクルと家族への支援　77

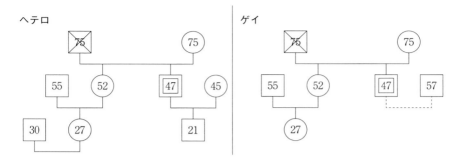

図4　中年期

張したものとなる。また職場では，管理職の立場となっている者も多く，家庭に職場にと難しい舵取りを迫られている。

　ヘテロセクシュアルの場合には，親世代の衰えや子どもの成長に合わせるように，「中年期」という年齢に見合ったアイデンティティを獲得していく面があると思われるが，ゲイ／レズビアンの場合にはそれが比較的少ない。職業面での経験の積み重ねや社会的立場の変化，あるいはより直接的には肉体的な変化が，それを意識させるかもしれないが，ヘテロセクシュアルよりはどうしても希薄となろう。ゲイ／レズビアンには「中年期」が意識されにくい。またヘテロセクシュアルの場合には，男性夫婦が「おとうさん」「おかあさん」となり，両親がいつの間にか「おじいちゃん」「おばあちゃん」と呼ばれるようになるように，家族内で段階的な立場の移行があり，家族内での力関係の変化がある。しかしゲイ／レズビアンではそれははっきりしない。自身の年齢による変化や親の「老い」を十分に受け止められないうちに，親の介護の問題に直面したり，親が亡くなるということもあるだろう。その場合，セクシュアリティに関連して棚上げにしていた課題や葛藤が，親の介護や看取りに影響を及ぼすことも考えられる。すなわち，周囲から孤立して一人で親の介護を抱え込むことや，その延長での親の虐待，あるいは親が亡くなった後いつまでも喪失感を引きずってしまうことなどが考えられるだろう。

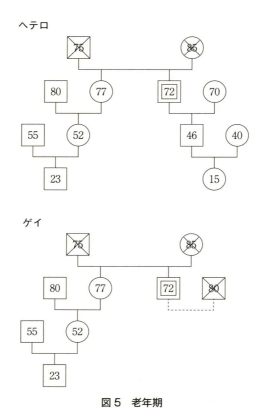

図5 老年期

5. 老年期

図5はさらに25年後。男性は70代と老年期を迎えている。母親もすでにない。ヘテロセクシュアルの場合には，時折訪ねてくる孫娘と会うのを楽しみにしながら，夫婦二人の生活を送っている。ライフサイクルとして一巡した形である。一方ゲイの場合には，10歳年上のパートナーはすでに亡くなり，数年前より単身生活となっている。パートナーとの関係が家族の認めるものでない場合，死期にあるパートナーと十分な交流がもてないまま別れざるを得なかったという話を時に聞く。法的整備を含めて今後の課題であろうが，永易は，任意後見契約，医療の意思表示書，そして遺言の3つを活用するこ

とで，現行の制度の中で同性パートナーシップを保証していく方法を提示している（永易，2012）。

　この時期には本人の老後の問題も次第に切実さを帯びてくる。とうに代替わりした姉夫婦には多くは頼れず，それまでにゲイ・コミュニティを含めた地域社会で，どういう関係を持ってきたかに老後の生活は左右されると思われる。しかしこれはもちろんゲイ／レズビアンに限った問題ではない。今後急速に進んでいく高齢化社会で，「単身者」として老後を生きていく可能性は誰にでもあることである。この点，比較的早くから，ゲイ／レズビアンは「誰と生きていくのか」「人生の目的をどう考え，なにを信じて生きていくのか」（小倉，2006）ということを考えて，老後の備えをしているのかもしれない。

おわりに

　以上，ゲイ／レズビアンとその家族がライフサイクルの中で向き合わざるを得ない課題を，年代ごとのジェノグラムの変遷から追っていき，支援に携わる者が配慮すべき点などを例示していった。

　ところで2000年代に入って主に欧州で認められてきた同性婚の制度が，2015年6月にはアメリカのすべての州でも認められることになり，欧米では同性婚が当たり前の制度として確立しつつある。また日本でも渋谷区や世田谷区などの自治体レベルで，同性パートナーシップをサポートする制度が動きつつある。このように現在ゲイ／レズビアンを巡る「家族」の枠組みは急速に変化してきている。

　今後われわれは，狭い「家族」の概念にとらわれない柔軟な姿勢を，セクシュアル・マイノリティの患者／クライエントと会っていく際には持つ必要があるであろうし，一方で従来の家族との間で当事者たちが抱える問題や，家族自身の問題などにも常に配慮をしていく必要があると思われる。また今回は主にゲイ男性の例を中心に見ていったが，レズビアン女性の場合とはたとえば結婚や子育てに対する考えなどで，無視できない意識や状況の差があると思われる。本稿ではその点への言及が不十分であることをご容赦いただき，今後女性の場合に詳しい論者の発信を待ちたいと思う。

文　献

Ford M（2009）Playing it Straight : Gay men and heterosexual marriage. Xlibris.

Green R（1987）The "Sissy Boy Syndrome" and the Development of Homosexuality. Yale University Press.

林直樹(2014)ゲイ／レズビアンのライフサイクルと家族への援助．(針間克己・平田俊明編) セクシュアル・マイノリティへの心理的支援．pp153-169, 岩崎学術出版社．

日高庸晴（2000）ゲイ・バイセクシュアル男性の異性愛者的役割葛藤と精神的健康に関する研究．思春期学 18 ; 264-272.

鍛冶良実（2010）既婚同性愛者とその配偶者・家族の支援．家族療法研究 27 ; 43.

永易至文（2012）にじ色ライフプランニング入門．太郎次郎社エディタス．

中村伸一（1997）家族のライフサイクル―サラリーマンを夫に持つ家族のストレス．家族療法の視点．pp63-71, 金剛出版．

小倉康嗣（2006）ゲイのエイジング―地道で壮大な生き方の実験．歴博 137 ; 18-23.

Robinson BE, Walters LH, Skeen P（1989）Response of parents to learning that their child is homosexual and concern over AIDS : A national study. Journal of Homosexuality 18 ; 59-80.

Savin-Williams RC（1996）Self-labeling and disclosure among gay, lesbian, and bisexual youth. In : J Laird, R-J Green（Eds.）Lesbians and Gays in Couples and Families. Jossey-Bass Publishers.

同性愛とクリニカル・バイアス

松髙由佳

はじめに

　日本では，2015年から東京都渋谷区などの自治体で同性パートナーシップ制度が開始された。以降，同様の制度を導入する自治体は増え続け，2024年2月現在，少なくとも393の自治体が同制度を導入し，人口カバー率は80％を超えた（Marriage For All Japan—結婚の自由をすべての人に，2024）。同性カップルに婚姻が認められない現状に対し司法が「違憲」という判断を下し（2021年3月札幌，2023年5月名古屋），同性カップルに婚姻が認められていない不平等な状況を，国は解消すべきであるという機運が日本社会において高まりつつある。また，人々の同性愛に対する意識も，年々肯定的な割合が高くなってきている。釜野ら（2020）は，友人が同性愛だった場合に抵抗感があると回答した割合は（「どちらかといえばある」も含む），2015年は約半数であったのに対し2019年は約3分の1に減少したとの調査結果を報告した。

　このように，同性愛に対する社会的な認識には肯定的な変化がみられるようになった一方，そうした動きに対する反発の声も耳にする。同性愛は異常であるとか，自然に反するといった偏見，知的には理解できても感情的に受け入れがたいといった反応は，社会に根強く存在する。われわれメンタルヘルスの専門家においては，どうであろうか。

　同性愛の理解と心理的支援では，「クライエント側」の背景や課題のみに

目を向けていては不十分であり，支援にあたる「セラピスト側」がどうであるのか，すなわち同性愛をはじめとする性の多様性に関するセラピストの態度に目を向けることが非常に重要である。

　本稿ではこのことについて，クリニカル・バイアスという現象を紹介しながら考えていきたい。

I　クリニカル・バイアスとは

　ある同性愛のクライエントと異性愛のクライエントがいた場合，性的指向以外の要因，たとえば主訴や症状，属性は両者でほぼ同様であるにもかかわらず，同性愛のクライエントに対し，よりネガティヴなアセスメントや態度がセラピストによって示されることがある。このような現象をクリニカル・バイアスと呼ぶ。すなわち，クリニカル・バイアスとは，クライエントが所属する特定のマイノリティ集団に対してセラピストが抱くステレオタイプの影響で生じる，臨床的判断や態度の歪みのことである。この「バイアス」という用語には，早まった判断，偏見という意味が含まれており，クリニカル・バイアスは社会的マイノリティのグループに属する人々に対する臨床的判断における誤り，不正確さを表す。

　セラピストのクライエントへの反応を表す用語としては，逆転移（counter-transference）が代表的であるが，逆転移とクリニカル・バイアスは次のような点で異なる概念であるといえよう。逆転移とは，本来精神分析療法において，患者の治療者に対する態度，感情，考え，特にその転移（transference）に対して生ずる治療者の無意識的な反応（態度，感情，考えなど）のことである（小此木，1993）。これに対し，クリニカル・バイアスは，社会的マイノリティの人々に対する，セラピストの偏見によって生じる臨床的判断，態度の歪みを表す用語である（Lopez, 1989）。

　クリニカル・バイアスは，同性愛に限らず社会的マイノリティの人々への心理的支援に関する重要な研究領域である。1960年代から主に欧米において，メンタルヘルスの専門家を対象とした研究が行われてきた。クライエントの要因として社会的地位，人種，年齢，HIV感染，宗教，肥満などが扱われ，

年代が新しくなるにつれて広がりを見せた。研究が始まった当初はクライエントの要因のみ取り扱われていたが，次第にセラピスト側の要因も扱われるようになった。すなわち，クライエント側の要因とセラピスト側の要因の相互作用によるクリニカル・バイアスが注目されるようになったのである。

II　同性愛のクライエントに対するクリニカル・バイアス

　同性愛者へのクリニカル・バイアスについても，クライエント側の性的指向の要因のみで生じるのではないと考えられる。つまり，単にクライエントが同性愛者であるということが問題なのではなく，セラピスト側の要因が相互作用することによってクリニカル・バイアスが生じる（Mintz et al, 1990）。

　Wisch と Mahalik（1999）は，伝統的な性役割に固執する程度が強い男性のセラピストは，異性愛のクライエントより同性愛のクライエントに対しネガティヴな態度やアセスメントを示すことを明らかにした。伝統的な男性性役割には「男性間の親密な行動の制限」（O'Neil et al, 1986），あるいは「同性愛に対する拒否」（林，2002）と呼ばれる要素が含まれているため，このような結果になったと考えられる。伝統的な男性性役割に内在するこれらの要素は，他者から同性愛であると思われるのを避けることの重視であり，ホモフォビア（homophobia）と関連が深いものである。ホモフォビアとは，同性愛を合理的な根拠なしに否定的にとらえる心性——同性愛者に対して抱かれる否定的なイメージ・感情，同性愛者を好ましくないものとする姿勢・価値観，同性愛者に対する偏見・差別感情——のことを指す（平田，2007）。

　クライエントの要因として HIV 感染および性的指向の要因を，セラピストの要因としてホモフォビアを扱った研究がある。たとえば，Hayes ら（2000）は，ホモフォビックなセラピストは，同性愛者で性交渉によって HIV に感染した男性クライエントに対し，共感的でない態度を取ったり，過度に病理を重く推定するといったネガティヴな反応を呈する傾向にあると報告した。Bowers ら（2005）は米国心理学会のメンバーであるセラピストを対象に研究を行い，セラピストの性別要因を検討した。その結果，男性のセラピスト

は異性愛より同性愛・両性愛のクライエントを危険視する傾向を示したが，女性セラピストにはその傾向はみられなかった。セラピストの性別によってクリニカル・バイアスに差が生じるのは，同性愛に対し否定的態度が強いのは概して女性より男性である（Herek, 2002；和田, 1996, 2008）ことが関連しているのではないだろうか。

日本におけるクリニカル・バイアスの研究は数少ないが，その中でセラピストは表立っては偏見を抱かずに同性愛のクライエントに接しているようでも，潜在的には同性愛のクライエントに対し回避的な態度である可能性が指摘されている（品川・他, 2005）。また，品川（2006）ではホモフォビアの強いセラピストは，クライエントが異性愛である条件に比べ同性愛である条件において，クライエントの心理社会的機能をより低く見積もる，また，女性より男性のセラピストのほうが，同性愛クライエントの予後をより悪いと評定する，面接中快くないと感じることが示された。

「同性に性的に惹かれること，同性間の性行動，同性に性指向が向くことそれ自体は，人間の正常かつ肯定的なセクシュアリティの表現形態である。換言すれば，それらは精神障害や発達上の障害を示すものではない」――これは，同性愛・両性愛の人々への心理療法を行う際にふまえておくべき前提の一つとして米国心理学会が提唱したものである（佐々木・他, 2012）。クライエントが同性愛であるからといってセラピストが病理を過剰に重く推定したり，態度が否定的になるのは不適切である。しかしながら，日本においても欧米においても，同性愛者に対するクリニカル・バイアスは生じる。そして関連するセラピスト側の要因の一つとして注目すべきはホモフォビアであると考えられる。ホモフォビアは社会文化的に浸透しており，メンタルヘルスの専門家であっても無自覚のうちに影響を受けているのではないだろうか。

Ⅲ　クリニカル・バイアスが同性愛者への心理的支援に及ぼす影響

クリニカル・バイアスはセラピストにとって，クライエントを適切に理解し支援していくための障壁となるばかりでなく，心理的支援を求めて訪れた

クライエントが傷つきや不利益を被る結果に繋がると考えられる。

　ホモフォビアは，異性愛者のみが持つものではなく，同性愛の当事者にも発達過程の中で刷り込まれ，「内在化されたホモフォビア」として多かれ少なかれ当事者に心理的ストレスをもたらす。たとえば，当事者が自分自身を受け入れられない，対人関係上の不安が付きまとい孤独感を抱える等である。こういった心理的ストレスが積み重なりメンタルヘルスの悪化を招くことで，診療や相談に訪れるケースも多いのではないだろうか。しかしながら，同性愛のクライエントは，性的指向がセラピストに受け入れられるのか不安を抱いていることがあり，セラピーの初期段階から悩みの背景にある自分の性的指向のことを明らかにはせず（できず），セラピストを信頼できると思えた時点で初めてカミングアウトすることもある。柘植（2014）は，内在化されたホモフォビアの影響により，同性愛のクライエントはセラピストが自身のセクシュアリティを理解し受容してくれるのかを敏感に探っており，セラピストからのホモフォビアを察知すると，クライエントとの関係性は修復不可能になると述べている。

　Liddle（1997）によると，同性愛のクライエントは異性愛のクライエントと比較して，過去に会ったことのあるセラピストの数が多く，その背景としてセラピストが同性愛に肯定的であるかどうかを選別する傾向が関連するという。日本でゲイ・バイセクシュアル男性を対象に大規模な調査を行った日高（2005）によると，「心理カウンセリングを受けることに関心がある」と回答した対象者は約6割に上り，特に若年層で高い値を示した。さらに，「心理カウンセリングを受けることに関心がある」と回答した人のうち，8割が「自分のセクシュアリティを話そうと思っている」と回答した一方，「心理カウンセラーに会って話ができる医療機関の心当たりがある」と回答したのはそのうちの2割弱と，低い割合にとどまった。

　これらのことから，当事者が不安とニーズの両方を抱えながら相談に訪れている可能性を念頭に置き，治療関係の形成においてクライエントに無用な傷つきや不利益を被らせることのないようセラピストが準備態勢を整えておくことが非常に重要と考えられる。

Ⅳ　クリニカル・バイアスの予防，解消にむけて

1. バイアス特有の難しさ

　先ほど，クリニカル・バイアスの概念を理解するために，逆転移とクリニカル・バイアスとの対比を述べた。このようにクリニカル・バイアスと逆転移を区別しておくことは，クリニカル・バイアスの予防や解消のための方策を考えるうえでも役立つ。すなわち，セラピスト－クライエントの関係性で生じてくる逆転移の問題であれば，カウンセラー自身が経過を自己点検し気づく，あるいは，事例検討会の場やスーパーヴィジョン等の機会を活用し客観的にとらえられ，カウンセラーが気づき修正をするということができる。しかし，クリニカル・バイアスの問題については，特に日本の現状ではスーパーヴァイザーもスーパーヴァイジーも，セクシュアリティに関しては似たような社会文化的背景の影響を受けていることが多いと予想され，たとえばホモフォビアが臨床的判断や態度に影響を与えていたとしても，セラピスト自身も事例検討を行うメンバーやスーパーヴァイザーも，そのことに気づきにくいという難しさがあるのではないだろうか。ともすれば気づかれにくいこの問題に，われわれはいかに取り組むことができるのだろうか。

2. 専門家教育・訓練の体制整備の重要性
　　　──知識・価値観，両面からの介入

　針間（2014）は，メンタルヘルスの専門家がセクシュアル・マイノリティへの心理的支援における役割を果たすことができるための要件の一つに，セクシュアリティに関する適切な情報を持つことを挙げ，「知らないものに対しては，恐怖を感じたり関心を持てなかったりするが，正確な情報の蓄積は他者のセクシュアリティへの重要性および共感性を高めるであろう」と述べている。このように，偏見を解消するために正しい知識を持つことは重要である。しかし，残念ながら専門家養成の課程（大学や大学院）において，セクシュアル・マイノリティの教育はほとんどなされていないのが現状である。日本の臨床心理士を対象とした調査（Matsutaka et al, 2014）では，大学院

進学者のうち専門養成課程で同性愛について習った者の割合はわずか14.8%であった。さらに，同性愛に関する一般的な知識（たとえば，同性愛は病気ではない等）は高い割合で有していたが，臨床的な知識（たとえば，性的指向と性自認の区別，臨床場面での適切な関わり等）に対する正答率は低いことが示され，大学院において同性愛の教育を受けた経験は，性的指向に関する知識レベルには影響していないことが明らかとなった。このように，日本において同性愛者への心理的支援に関する教育は不足しており，特に臨床的な関わりに必要な知識が，メンタルヘルスの専門家教育課程に組み込まれることが必要である。

ただし，セラピストがセクシュアリティに関する知識を深めておくことは重要ではあるが，実際にクライエントに対峙する際には，それらをステレオタイプ的に当てはめるのではなく，目の前のクライエントを一人の個人として理解しようとする姿勢が同時に必要である。

そして，もう一つ重要な側面はセラピストの価値観に関する取り組みである。葛西（2014）は，セクシュアル・マイノリティの心理的支援に適切に対応するための専門的教育訓練として，正しい知識とともに，セラピスト自身のセクシュアリティに関する価値観を探索する作業が必要不可欠であることを強調し，特に「異性愛主義（すべての人は異性愛であることを前提とするあり方）」への気づきを促すことが肝要であるという。その理由として葛西は，セクシュアル・マイノリティに関する知識をただ学習するだけでは，それは机上のものとなり，自分とは異なった，違う対象として認識され（当事者が訓練を受ける側であっても，他のマイノリティに対する気付きがない場合もある）自分自身とどのように関連するのか実感をもって取り組むことにならない，と述べている。Burckellら（2006）は，同性愛のクライエントは異性愛主義のセラピストを避けることを指摘した。セラピストが自らの異性愛主義に気づくことで，無意識のうちに異性愛を前提とした言葉（たとえば，恋愛の話題が出た際に相手がクライエントの異性であることを想定し「彼」または「彼女」と応答する，恋愛のことを「異性関係」という等）を使わない姿勢が身に付くなど，同性愛のクライエントとの信頼関係を築く上で役に立つのではないだろうか。

葛西と岡橋（2011）は，知識の習得と価値観の探索から構成される「LGB (Lesbian, Gay, Bisexual) Sensitive カウンセラー養成プログラム」を実施し，カウンセラーを目指す大学院生を対象に効果をあげている。臨床心理士向けの研修を行った松髙（2014）では，1日完結型の研修によるセクシュアル・マイノリティへの身近感や価値観への気づきは，知識に比べて研修直後の伸びが少なく，1カ月後，有意に上昇したという。このことから，価値観の側面には長期的な取り組みが必要であると考えられる。Matsutakaら（2022）は，産業保健スタッフを対象とした研修プログラム「Program for Respect, Inclusion, and Diversity of LGBTQ+ Employees（PRIDE）」の開発と効果について検討した。このプログラムは4回連続のセッションからなり，講義に加えて複数の当事者の話を聴くことや，相談場面のロールプレイとディスカッション等が含まれた。その結果，知識や理解の指標には有意な上昇が，顕在的（意識的）なホモフォビアの指標には有意な減少がみられ，たしかな有効性が確認された。一方，潜在的なフォビアには有意な変化がみられなかった。さまざまな先行研究において潜在的なバイアスの影響が注目されており，それらを低減することは難しいとされる（Shields et al, 2011；Dee & Gershenson, 2017）。潜在的なバイアスの低減には，個人が恥や批判にさらされることなく自身のバイアスを認識できる機会が必要である（Devine & Monteith, 1993）。また，自分とは属性の異なる人々との多くの交流によって恐れを減少させていくことも役立つ（Schellhaas & Dovidio, 2016）。

　個人でひとまず可能な価値観の探索方法もあるだろう。たとえば，セクシュアリティに関連する映画を鑑賞したり文献を読む機会をもつ，また，報道（ニュース）に対してもアンテナを張り，社会的文脈の中でどのようにセクシュアリティが扱われているのかをキャッチしそれらに対して自分なりに考える，あるいは，身近な人と話し合ってみる，といったことである。このようにして，普段から折に触れて自分のセクシュアリティに関する価値観や態度を意識するとともに，クリニカル・バイアスの生じる可能性について把握しておくことも役立つであろう。ただし，自らのバイアスにセラピストが気づくことは（非常に重要なことであるが）セラピストの精神的負担になる可能性もある。メンタルヘルスの専門家への教育・訓練の場では，バイアス

に気づいて話し合い，探索することを支援する必要がある（葛西，2023）。

　Coreyら（1998）は，対人援助職とクライエントとの間に価値観の不一致が生じやすいテーマの一つとして，クライエントが同性愛である場合を挙げている。セラピストが価値観をクライエントに押し付けないことがもちろん重要であるが，どうしても自分の価値観の問題が障壁となり，同性愛のクライエントを適切に援助できないと感じる時は，限界を自覚し，別の相談窓口へリファーする対応が適切であること，しかしながら，価値観の不一致があるというだけではただちにリファーする理由にはならないこと，リファーを焦らないこと，どのようなことから他へのリファーが必要だと思うのかをじっくり考えてから，決断を下すことを推奨している。先述のように，クライエントが自分の性的指向をセラピストに話すということは，それなりに信頼関係が築かれたとクライエントが感じた機会でもあると考えられる。その信頼感を台無しにすることのないよう，まずはクライエントのセクシュアリティに関することを，その人の大切な一側面として関心をもって聴き，理解を試みることができればと思う。こうすることで，たとえその後リファーすることになったとしても，クライエントのセラピストに対する信頼感を大切にすることができ，その後クライエントの中で活きる可能性がある。

おわりに

　以上，クリニカル・バイアスという視点から同性愛の心理的支援に関し，セラピストの価値観・態度の重要性や，クリニカル・バイアスを防ぐための方策について論じた。考えてみれば，メンタルヘルスの専門家が知識を仕入れアップデートしたり，自らの価値観に向き合うという取り組みは，セクシュアリティのことにかかわらず基本的なことである。つまり，何も特別なことではなく「基本が役に立つ」ということでもある。

文　献

Bowers AM & Bieschke KJ (2005) Psychologists' clinical evaluations and attitudes : An examination of the influence of gender and sexual orientation. Professional Psychol-

ogy : Research and Practice 36 ; 97-103.
Burckell LA & Goldfried MR（2006）Therapist qualities preferred by sexual-minority individuals. Psychotherapy : Theory, Research, Practice, Training 43 ; 32-49.
Corey MS & Corey G（1998）Becoming a Helper. Brooks/Cole Publishing Company.（下山晴彦監訳，堀越勝・堀越あゆみ訳（2004）心理援助の専門職になるために――臨床心理士・カウンセラー・PSW を目指す人の基本テキスト．金剛出版）
Dee T & Gershenson S（2017）Unconscious bias in the classroom : Evidence and opportunities. Google's Computer Science Education Research.（https://services.google.com/fh/files/misc/unconscious-bias-inthe-classroom-report.pdf）
Devine PG & Monteith MJ（1993）The role of discrepancy-associated affect in prejudice reduction. In DM Mackie & DL Hamilton（Eds.）, Affect, cognition, and stereotyping : Interactive processes in group perception（pp.317-344）. Academic Press.（https://doi.org/10.1016/B978-0-08-088579-7.50018-1）
針間克己（2014）セクシュアリティの概念．（針間克己・平田俊明編著）セクシュアル・マイノリティへの心理的支援――同性愛・性同一性障害を理解する．岩崎学術出版社．
林真一郎（2002）男性性役割規範尺度日本語版（JMRNI）の作成．上智大学心理学年報 26 ; 135-144.
Hayes JA & Erkis AJ（2000）Therapist homophobia, client sexual orientation, and source of client HIV infection as predictors of therapist reactions to client with HIV. Journal of Counseling Psychology 47 ; 71-78.
Herek GM（2002）Gender gaps in public opinion about lesbians and gay men. Public Opinion Quarterly 66 ; 40-66.
日高庸晴（2005）ゲイ・バイセクシュアル男性の健康レポート．厚生労働省エイズ対策研究事業男性同性間の HIV 感染予防対策とその推進に関する研究「研究報告書」概要版．
平田俊明（2007）同性愛者へのサポートを考えるキーワード――医療とホモフォビア．（藤井ひろみ・桂木祥子・はたさちこ，他編著）医療・看護スタッフのための LGBTI サポートブック．メディカ出版．
釜野さおり・石田仁・風間孝・平森大規・吉仲崇・河口和也（2020）『性的マイノリティについての意識：2019 年（第 2 回）全国調査報告会配布資料』JSPS 科研費（18H03652）「セクシュアル・マイノリティをめぐる意識の変容と施策に関する研究」（研究代表者広島修道大学河口和也）調査班編．
葛西真記子・岡橋陽子（2011）LGB Sensitive カウンセラー養成プログラムの実践．心理臨床学研究 29 ; 257-268.
葛西真記子（2014）心理職へのセクシュアル・マイノリティに関する教育・訓練．（針間克己・平田俊明編著）セクシュアル・マイノリティへの心理的支援――同性愛・性同一性障害を理解する．岩崎学術出版社．
葛西真記子（2023）心理支援者のための LGBTQ ＋ハンドブック――気づき・知識・スキルを得るために．誠信書房．
Liddle BJ（1997）Gay and lesbian clients' selection of therapists and utilization of therapy. Psychotherapy 34 ; 11-18.

Lopez SR (1989) Patient variables biases in clinical judgment : Conceptual overview and meth odological considerations. Psychological Bulletin 106 ; 184-203.

Marriage For All Japan －結婚の自由をすべての人に (2024) 日本のパートナーシップ制度．(https://www.marriageforall.jp/marriage-equality/japan/)

Matsutaka Y, Kihana N, Uchino T et al (2014) Knowledge about sexual orientation among student counselors : A survey in Japan. International Journal of Psychology and Counselling 6 ; 74-83.

Matsutaka Y, Otsuka Y, Tsuno K, Iida J & Fuji K (2022) Development and evaluation of a training program to reduce homophobia and transphobia among human resource staff and health professionals in the workplace : A randomized controlled trial. Psychology of Sexual Orientation and Gender Diversity, Advance online publication.

松髙由佳・喜花伸子・内野悌司・日髙庸晴（2014）臨床心理士におけるセクシュアリティ理解と援助スキル開発に関する研究厚生労働科学研究費補助金エイズ対策研究事業平成25年度総括・分担研究報告書（研究代表者　日髙庸晴）125-144.

Mintz LB & O'Neil JM (1990) Gender roles, sex, and the process of psychotherapy : Many questions and few answers. Journal of Counseling and Development 68 ; 381-387.

小此木啓吾（1993）逆転移．（加藤正明・他編）精神医学事典．p154, 弘文社.

O'Neil JM, Helms BJ, Gable RK et al (1986) Gender-role conflict scale : College men's fear of femininity. Sex Roles 14 ; 335-350.

佐々木掌子・平田俊明・金城理枝，他（2012）アメリカ心理学会（APA）特別専門委員会における「性指向に関する適切な心理療法的対応」の報告書要約．心理臨床学研究 30 ; 763-773.

Schellhaas FMH & Dovidio JF (2016) Improving intergroup relations. Current Opinion in Psychology, 11 ; 10-14.

Shields SA, Zawadzki MJ & Johnson RN (2011) The impact of the Workshop Activity for Gender Equity Simulation in the Academy (WAGES-Academic) in demonstrating cumulative effects of gender bias. Journal of Diversity in Higher Education 4(2); 120-129.

品川由佳・兒玉憲一（2005）男性同性愛者に対する男性臨床心理士のクリニカル・バイアスの予備的検討．日本エイズ学会誌 7 ; 43-48.

品川由佳（2006）男性同性愛者に対するカウンセラーのクリニカル・バイアスとジェンダー関連要因との関係―実験法によるカウンセラー反応の検討．広島大学教育学研究科紀要第三部（教育人間科学関連分野）55 ; 297-306.

柘植道子（2014）セクシュアル・マイノリティ大学生を支える学生相談．（針間克己・平田俊明編著）セクシュアル・マイノリティへの心理的支援―同性愛・性同一性障害を理解する．岩崎学術出版社.

和田実（1996）青年の同性愛に対する態度―性および性役割同一性による差異．社会心理学研究 12 ; 9-11.

和田実（2008）同性愛に対する態度の性差―同性愛についての知識，同性愛者との接触，およびジェンダー・タイプとの関連．思春期学 26 ; 322-334.

Wisch AF & Mahalik JR (1999) Clinical bias in male therapists : Influence of client gender roles and therapist gender role conflict. Journal of Counseling Psychology 46 ; 51-60.

セクシュアル・マイノリティとレジリエンス

佐々木掌子

I 学校，職場，介護施設の異性愛文化／男女二分法文化

　セクシュアル・マイノリティは，そうでない者と比較して，薬物使用，性感染症，がん，心血管疾患，肥満，いじめ，孤立，拒絶，不安，うつ，自殺のリスクが高いと報告されてきている（レビューは，Hafeez et al, 2017 ; Mayer et al, 2014 など）。マジョリティと同じレベルで健康を守れないことの背景の一つとして，少数であるための「周辺化（marginalization）」や「社会的排除（social exclusion）」の問題が挙げられるだろう。

　異性愛と男女二分法が前提となっている学校風土は，その規範を外れる子どもたちを周縁化し，社会的排除へと導き，自殺にまで追い込むことさえある。欧米では，そのような学校風土を変える取り組みが提唱され，実践・研究がされてきた（Horowitz & Hansen, 2008 ; Kosciw et al., 2009 ; Varjas et al, 2006 ; Toomey et al, 2012）。

　しかし，良かれと思って学校が取り組んだ試みも，時にはセクシュアル・マイノリティの生徒の孤独感が増していくことを明らかにした研究（Harris et al, 2021）もある。たとえば，ジェンダー化されたスペースやジェンダーニュートラルなスペース（トイレ，更衣室など）の使用許可，サポートグループのような安全な居場所の創設，LGBTのトピックが含まれたカリキュラム再編をしたとしても，ゲイの生徒が「お前オカマなんだから女の更衣室行け

よ」とからかわれたり，学校内に作ったサポートグループに当事者が少なく見世物にされるような雰囲気があったり，グループ参加者がここで話したことをアウティング[注1]するのではないかという不安を抱いたり，カリキュラムを教える教師がトレーニング不足であったり……と，セクシュアル・マイノリティが安心安全に学校生活を送るための取り組みが機能できていないことがあり，そして，そうした学校環境が当事者を孤立させていたという報告がある。

　JohnsonとAmella（2014）は，1987〜2012年に刊行された研究論文を対象に，セクシュアル・マイノリティの若者のisolationを5つの概念としてまとめている。①社会的孤立：社会的サポートやネットワークの欠如／LGBT+コミュニティとの接触の欠如，あるいは乏しさ／社会的ひきこもり（たとえば拒絶への恐れによる孤立化）／差別的な取り扱いによる犠牲，②孤独感：家族からの愛情や友人からの好意の欠如など，情緒的距離の遠さ，③認知的孤立：セクシュアル・マイノリティに関する情報アクセスの欠如，④アイデンティティの隠蔽：異性愛規範とシスジェンダー[注2]行動パターンへの追従の試み，⑤異分子としての自己への気づき：まわりとうまく溶け込んでいないと気がつくこと。

　こうした孤独感を抱く場所は，学校だけではない。学校を卒業し，就職をしても，職場でも同じことが起きている。キャリアへの負の影響を考え，カムアウトを控え，声を上げないことを選択せざるを得ないと，異性愛規範やシスジェンダー規範が優勢の職場風土は変わらないため，孤独感やスティグマを経験することがあると報告されている（McFadden & Crowley-Henry, 2018）。

　そしてこれは老年期に入り，介護が必要になってからも続く。アメリカの介護施設のスタッフ調査でも8割以上が「施設でのカムアウトは安全ではないし，すべきかどうかわからない」と回答している（National Senior Citizens Law Center, 2012）。

注1）本人の了解を得ずに，他の人に公にしていない性的指向や性同一性などのセクシュアリティを暴露すること。

注2）非トランスジェンダー。出生時の性別と同じ性別にアイデンティティのある人。

Ⅱ　セクシュアル・マイノリティとレジリエンス

1．次善策としてのレジリエンス

　セクシュアル・マイノリティが孤独を感じないようにするためには，文化や風土に横たわる「異性愛規範・シスジェンダー規範」の批判に焦点を当てない限り，意味ある変化はみられないとされる（Payne & Smith, 2013；Rawlings, 2019）。この社会変革を促すことは前提であり，これに取り組まないままセクシュアル・マイノリティ個人に「変わるよう」「レジリエンスを持つよう」サポートすることはマジョリティならではの尊大な態度といえよう。変わらねばならないのはセクシュアル・マイノリティ当事者では決してなく，セクシュアル・マイノリティを孤独に追い込む異性愛と男女二分法を前提とした社会であり，それを支える人々である。

　一方，日常生活は送らねばならないので，社会変革を待っている間，さまざまな健康が脅かされたまま対処せずに日々を過ごしていくわけにもいかない。次善策としてレジリエンスが日々の適応の助けになる。

2．セクシュアル・マイノリティにおけるレジリエンス要因

1）個人レベル

　先行研究では，さまざまな要因がレジリエンスとして挙げられてきている。第一に挙げられるのが，社会に巣食うホモフォビアやトランスフォビア（同性愛やトランスジェンダーに対する嫌悪）を個人がどう受け止めるかである。内在化されたホモフォビアを解決したゲイやバイセクシュアル男性は，解決していない人と比較して，有意に高いオッズ比で精神的健康が良好であることが示されている（Herrick et al, 2013a）。フォビアの内在化は，カウンセリングでもよくテーマになるものであり，臨床家はこれを丁寧に扱っていくべきだろう。まずは臨床家自身が自らのフォビアを深く内省し，対処できるようになる必要がある。内在化されたフォビアは，自らのセクシュアリティに関するアイデンティティを安定して持つにあたって障壁となる。50歳以上のセクシュアル・マイノリティを対象とした調査（Fredriksen-Goldsen et al, 2017) でも，自らのアイデンティティを認めることは，社会資源へのつながりや精神的健康と関連し，社会的資源へのつながりは，精神的健康と関連していた。一方，セクシュアリティに関するアイデンティティを隠すことは，たとえそれが戦略的であっても精神的健康や身体的健康に悪影響を及ぼすとされている。セクシュアル・マイノリティであることを肯定的に受け止め，それを他者との中で健康的に育むことは最も基本的な要素だろう。

　ただし，Kosciw ら（2015）によれば，青年期，セクシュアル・マイノリティの生徒が自身のセクシュアリティをオープンにすることは，いじめ被害と関連していた。このことは都会よりも地方でより強い相関があるようだ。いじめが起こらないような環境づくりは教師をはじめとする学校関係者の喫緊の課題であるが，どんなにいじめ予防を図っても，揶揄する生徒や教師，保護者が出てきうる。学校は，いじめは起きると想定して対応を考えねばならない。カウンセリング場面でも，「いじめが起きないように」セクシュアリティをオープンにするにはどうすればよいかを考えるのではなく，いじめは起きることを前提に，起きたらどう対処するかをともに考えていく必要があるだろう。

　セクシュアリティをオープンにすることは，高い自尊感情と低いうつとも関連しており，いじめさえなければオープンにすること自体は当事者の健康に寄与する。また，トランスジェンダーの若者の場合，自身の目標や大志があること（Torres et al, 2015）や，自己マスタリー（personal mastery：Grossman et al, 2011）もレジリエンス要因になりうるという報告がある。

　そして，高齢者になると，加齢に応じた課題に直面した時，危機へのコンピテンスが増し，スティグマを使いこなしコントロールできるようになることも指摘されている（Kimmel, 1978 ; Quam & Whitford, 1992 ; Shippy et al, 2004）。特に，カミングアウトのプロセスは，生涯を通じて，その他の危機への対処のコンピテンスを発達させるといわれる（Heaphy, 2007 ; Kimmel, 2002 ; McFarland & Sanders, 2003 ; Morrow, 2001）。

2）二者レベル／家族レベル／コミュニティレベル

　家族のサポートやソーシャルサポートも，レジリエンス要因として挙げら

れる。セクシュアル・マイノリティの若者にとって家族のサポートはウェルビーイングおよび精神的健康の強い予測因子だが，成人のセクシュアル・マイノリティにおいては，家族のサポートはレジリエンス要因ではあるものの，それ以上に，友人のサポート，LGBTとのつながり，固定的なパートナーの存在といった，その他のレベルの人間関係が精神的不健康の保護要因となっていたという（Shilo et al, 2014）。トランスジェンダーの若者においても，同様に家族のサポートは重要であるが，特に，疑問やアドバイスやサポートについて頼れるロールモデルやメンターがいることがレジリエンスに寄与する（Torres et al, 2015）。そして，対他者とのつながりにおいては，「正直なコミュニケーション」が保護因子になるようであった（Gandy et al, 2021）。

　臨床では，青年の保護者とのカウンセリングは要である。どうしてもわが子がセクシュアル・マイノリティであると受け入れられない保護者は存在するし，逆に「物わかりの良い親」としてセクシュアル・マイノリティであってほしいかのようにそちら側に引っ張っていく保護者も存在する。本人が自分のアイデンティティを探求する青年期に，適切な距離を保ちながら，〈答えをせっつかない〉よう，子と鷹揚に関われるように臨床家は支援をしていきたい。

　老年期になると，既存のネットワークでは嫌な経験をすることがわかっているセクシュアル・マイノリティの当事者のなかには，老人ホームや介護施設のようなネットワークではなく独自のネットワークで友人関係を作っている者がおり，そうした人は，自身のネットワーク能力を自分の主要な利点や長所だと認めている（Orel, 2014）。

　表1は，Herrickら（2013b）がまとめた，理論上検討すべきと考えられるゲイ・バイセクシュアル男性のレジリエンス要因一覧を，本稿に合わせてセクシュアル・マイノリティ全般に広げ改変したものである。こうした研究レベルでの多様なレジリエンス要因を知っておくことも大切なことだが，臨床上は，クライエント自身がクライエントの強みを見出すプロセスこそが重要であり，そのためにも，カウンセリングのなかで，臨床家がクライエントの良さに気が付いていくことが求められる。クライエントの新たなレジリエンス要因が見え，それを指摘したときに，クライエントに良い変化が現れてくることは多くの臨床家が経験していることだろう。

表1 セクシュアル・マイノリティにおいて想定されるレジリエンス要因

個人レベル	開き直り／内在化されたフォビアのマネジメント
	セルフモニタリング
	愛他性／共感性
	自己コントロール
	柔軟性／ユーモア／勇気／創造性
	楽観性／目標／希望／未来
二者レベル	友人関係の構築
	正直なコミュニケーション
	安全な人および場所の見極めと関わり
	親密な関係性の構築／健康なセックス
家族レベル	クィア家族の構築
	原家族との間にある問題の解決
コミュニティレベル	セクシュアル・マイノリティ・コミュニティとのつながり
	非セクシュアル・マイノリティ・コミュニティとのつながり
	ロールモデルやメンターの存在
	そのコミュニティ内の社会規範をモニタリングする能力
	安全な近隣住民との関わり
	肯定的で保護的なポリシーの存在
	セクシュアル・マイノリティ・コミュニティの創設
	コミュニティ内のフォビアのマネジメント／どこでどう自分を守れるかを知ること
その他	社会経済地位／職業階層の流動性／教育歴／人種／ジェンダー／年齢など
	身体的健康状態

3. インターセクショナリティ（交差性）

　欧米では，特にマイノリティ内のインターセクショナリティ（交差性）についての研究が盛んであり，LGB の有色人種は白人と比較して，より多くのストレスを被るが，レジリエンスも高い（Meyer, 2010）とされる一方，人種的なマイノリティ性が重なると，LGBT コミュニティにつながりにくかったり（Parmenter et al, 2021），コミュニティとつながれたとしても，ストレス軽減への影響が白人ほどには強くない傾向がある（McConnell et al, 2018）ことも言われている。安全だと思っていたセクシュアル・マイノリティのコミュニティが，白人至上主義，同性愛規範，トランス規範を内包するコミュニティということもある。こうしたことは日本でも考えられ，当事者内を分断するようなコミュニティの雰囲気によって，さらなる傷つきを得てしまう当事者が出てくる危険性について臨床家は敏感でなければならない。

Ⅲ　臨床家による「強制カミングアウト」と「善意の偏見」

　以上，セクシュアル・マイノリティにおけるレジリエンスについて先行研究を紹介し，カウンセリング場面でそれがどう扱われうるかについて臨床家側の視点から記述した。最後に，レジリエンスをめぐって，セクシュアル・マイノリティのカウンセリングで起こりがちな問題点について述べたい。

　家族サポートやソーシャルサポートは，ありふれたリソースとされる。しかし，異性愛規範とシスジェンダー規範が前提となる社会では，こうしたありふれた人的資源や保護要因は，たやすく手に入るものではない。生きるために「表に出る（show up）」ことを選択したセクシュアル・マイノリティは，これから無数の逆境と戦わざるを得ない。「ありふれた魔法」とされるレジリエンスは，セクシュアル・マイノリティの若者にとって「稀有な魔法」（Asakura, 2019）だと指摘もされている。

　自身のセクシュアリティを誰かに話すことのハードルの高さを臨床家は強く意識しておく必要があるだろう。カミングアウトの決意は，稀有な魔法が掛かったからかもしれない。臨床家が，「カミングアウトをしてくれないと，特有のニーズがあっても気が付けないまま適切なケアにつなげられない」と懸念し，「支援したい」思いが募って，強制カミングアウトを促すようなやり取りをしてしまうことがある。カミングアウトをすれば以降は無数の逆境との戦いとなることをわかっている当事者にとって，その準備ができていないのに「しゃべらされた」という経験がどれほど侵襲的な行為なのか，肝に銘じる必要がある。

　また，やっとの思いで明かしたにもかかわらず支援者からの無知や善意の偏見などにさらされる危険もある。たとえば，トランス女性に対して「女より女っぽい」とほめそやしたり，バイセクシュアルの人に対して「どちらも好きになれるなんて博愛的」と称賛するなど，セクシュアル・マイノリティ当事者がいちいちストレスに感じるような声掛けがカウンセリング場面でも起こることがある。

このような善意の偏見は自ら気がつきにくいものであるので，クライエントに「もしかすると傷つけるような言葉をかけてしまうかもしれない。その時は反省をしたいし，二度と言いたくないので教えてほしい」ということを伝えることが大事ではないかと思う。それはクライエントに負担をかけることにもなるが，しかし二者レベルにおけるレジリエンス要因である「正直なコミュニケーション」が二人でなされる良い契機ともなる。そのような関係性が作れるようになることも，お互いのレジリエンスを高めることにつながるのではないだろうか。

文　献

Asakura K (2019) Extraordinary acts to "show up": Conceptualizing resilience of LGBTQ youth. Youth & Society 51 ; 268-285.

Fredriksen-Goldsen KI, Kim HJ, Bryan AE et al (2017) The cascading effects of marginalization and pathways of resilience in attaining good health among LGBT older adults. Gerontologist 57 ; S72-S83.

Gandy ME, Natale AP & Levy DL (2021) "We shared a heartbeat": Protective functions of faith communitiesin the lives of LGBTQ+ people. Spirituality in Clinical Practice 8-2 ; 98-111.

Grossman AH, D'augelli AR & Frank JA (2011) Aspects of psychological resilience among transgender youth. Journal of LGBT Youth 8 ; 103-115.

Hafeez H, Zeshan M, Tahir MA et al (2017) Health care disparities among lesbian, gay, bisexual, and transgender youth : A literature review. Cureus 9-4 ; e1184.

Harris R, Wilson-Daily AE & Fuller G (2021) 'I just want to feel like I'm part of everyone else': How schools unintentionally contribute to the isolation of students who identify as LGBT+. Cambridge Journal of Education ; 1-19.

Heaphy B (2007) Sexualities, gender, and ageing. Current Sociology 55 ; 193-210.

Herrick AL, Stall R, Chmiel JS et al (2013a) It gets better : Resolution of internalized homophobia over time and associations with positive health outcomes among MSM. AIDS and Behavior 17 ; 1423-1430.

Herrick AL, Stall R, Goldhammer H et al (2013b) Resilience as a research framework and as a cornerstone of prevention research for gay and bisexual men : Theory and evidence. AIDS and Behavior 18 ; 1-9.

Horowitz A & Hansen AL (2008) Out for equity : Schoolbased support for LGBTQA youth. Journal of LGBT Youth 5 ; 73-85.

Johnson MJ & Amella EJ (2014) Isolation of lesbian, gay, bisexual and transgender youth : A dimensional concept analysis. Journal of Advanced Nursing 70-3 ; 523-532.

Kimmel D (1978) Adult development and aging : A gay perspective. Journal of Social Issues 34 ; 113-130.

Kimmel D (2002) Aging and sexual orientation. In : BE Jones & MJ Hill (Eds) Mental Health Issues in Lesbian, Gay, Bisexual, and Transgender Communities. Washington DC : American Psychiatric Association, pp.17-36.

Kosciw JG, Greytak EA & Diaz EM (2009) Who, what, where, when, and why : Demographic and ecological factors contributing to hostile school climate for lesbian, gay, bisexual, and transgender youth. Journal Youth Adolescence 38 ; 976-988.

Kosciw JG, Palmer NA & Kull RM (2015) Reflecting resiliency : Openness about sexual orientation and/or gender identity and its relationship to well-being and educational outcomes for LGBT students. American Journal of Community Psychology 55 ; 167-178.

Mayer KH, Harvey RG & Makadon J (2014) Promoting the successful development of sexual and gender minority youths. American Journal of Public Health 104-6 ; 976-981.

McConnell EA, Janulis P, Phillips II G et al (2018) Multiple minority stress and LGBT community resilience among sexual minority men. Psychology of Sexual Orientation and Gender Diversity 5 ; 1-12.

McFadden C & Crowley-Henry M (2018) 'My People' : The potential of LGBT employee networks in reducing stigmatization and providing voice. The International Journal of Human Resource Management 29 ; 1056-1081.

McFarland PL & Sanders S (2003) A pilot study about the needs of older gays and lesbians : What social workers need to know. Journal of Gerontological Social Work 40-3 ; 67-80.

Meyer IH (2010) Identity, stress, and resilience in lesbians, gay men, and bisexuals of color. The Counseling Psychologist 38-3 ; 442-454.

Morrow DF (2001) Older gays and lesbians : Surviving a generation of hate and violence. Journal of Gay & Lesbian Social Services 13-1/2 ; 151-169.

National Senior Citizens Law Center, National Center for Lesbian Rights, National Center for Transgender Equality, Lambda Legal, Services & Advocacy for Gay, Lesbian, Bisexual & Transgender Elders, & National Gay and Lesbian Task Force (2012) LGBT older adults in long-term care facilities : Stories from the field. Retrieved from http://www.lgbtagingcenter.org/resources/pdfs/NSCLC_LGBT_report.pdf（2022 年1月28日閲覧）

Orel NA (2014) Investigating the needs and concerns of lesbian, gay, bisexual, and transgender older adults : The use of qualitative and Quantitative methodology. Journal of Homosexuality 61 ; 53-78.

Parmenter JG, Galliher RV, Wong E et al (2021) An intersectional approach to understanding LGBTQ+ people of color's access to LGBTQ+ community resilience. Journal of Counseling Psychology 68-6 ; 629-641.

Payne E & Smith S (2013) LGBTQ Kids, school safety, and missing the big picture :

How the dominant bullying discourse prevents school professionals from thinking about systemic marginalization or…why we need to rethink LGBTQ bullying. QED : A Journal in GLBTQ Worldmaking 1-1 ; 1-36.

Quam JK & Whitford G (1992) Adaptation and agerelated expectations of older gay and lesbian adults. Gerontologist 32 ; 367-374.

Rawlings V (2019) 'It's not bullying', 'It's just a joke' : Teacher and student discursive manoeuvres around gendered violence. British Educational Research Journal 45-4 ; 698-716.

Shilo G, Antebi N & Mor Z (2014) Individual and community resilience factors among lesbian, gay, bisexual, queer and questioning youth and adults in Israel. American Journal of Community Psychology 55 ; 215-227.

Shippy R, Cantor M & Brennan M (2004) Social networks of aging gay men. Journal of Men's Studies 13 ; 107-120.

Toomey RB, McGuire JK & Russell ST (2012) Heteronormativity, school climates, and perceived safety for gender nonconforming peers. Journal of Adolescence 35 ; 187-196.

Torres CG, Renfrew M, Kenst K et al (2015) Improving transgender health by building safe clinical environments that promote existing resilience : Results from a qualitative analysis of providers. BMC Pediatrics 15-1 ; 1-10.

Varjas K, Mahan WC, Meyers J et al (2006) Assessing school climate among sexual minority high school students. Journal of LGBT Issues in Counseling 1 ; 49-75.

セクシュアル・マイノリティとセックス

林　直樹

はじめに

　手元に『ザ・ニュー・ジョイ・オブ・ゲイ・セックス』という本がある。1977年に初版が出た"The Joy of Gay Sex"という本の，1992年に出た新版"The New Joy of Gay Sex"の日本語版である（日本語版は93年発行，原書は現在再び"The Joy of Gay Sex"に改題）。内容は，ゲイ・セックスに関わるさまざまな事象を，「A」の「ANUS（アヌス）」から始まり，アルファベット順に「CONDOMS（コンドーム）」「FIRST TIME（初体験）」「HIVDISEASE（エイズ）」「LETTING GO（失恋から立ち直る方法）」「LUBRICANTS（潤滑剤）」「SITTING ON IT（騎乗位）」などを経て，最後の「WRESTLING（レスリング）」に至るまで，全121項目を網羅的に解説したもので，"Gay Sex"だけでなく"Gay Life"のエンサイクロペディア的な書物となっている。著者はアメリカの有名なゲイの心理学者のチャールズ・シルバースタインと作家のフェリス・ピカーノの二人。

　この本を93年当時書店で見かけて購入して，一読した時の感動が忘れられない。カミングアウトや親との関係などの人生で重要とされる出来事だけでなく，セックスの相手の見つけ方や具体的なセックスの方法，危険なセックスや性感染症のリスクなどセックスに関わるあらゆることが，どれも大切なこととして他と同列に扱われていることに強い印象を受けたことを覚えている。

セックスの話題は普段の会話では注意深く避けられることが多く，日常の臨床でもセックスのことを取り上げるのに，やや苦手意識を持つ臨床家も多いだろう。しかしLGBTに代表されるセクシュアル・マイノリティは，その名の通りセクシュアリティ＝性のあり方に関するマイノリティなのだから，彼らと話す時にセックスの話を全く避けることはできない。あるいはセックスも含めて話ができて，彼らはより自分たちを理解してもらったと思うかもしれない。

　ここではセックスを縦糸に，セクシュアル・マイノリティ自身の，あるいは臨床家が彼らと関わる時の課題や問題を，いくつか眺めていきたい。ただしセクシュアル・マイノリティと言っても多くは筆者のなじみのあるゲイ，つまり男性同性愛者の話が中心になることをお断りしておく。

I　思春期とセックス

　多くのセクシュアル・マイノリティの子どもたちは，思春期以前から自身の「性のあり方」について漠然とした違和感を持ちながら生活している。それは自分の持ち物や遊びの好みが，周囲の同性の友人とは違うという違和感であったり，よりトランスジェンダーに近い子どもたちには，もう少し切実な体への違和感であるだろう。しかしさらにそれが明確になるのは，やはり思春期を迎えてからであろう。性衝動の高まりとともに，性的な興味・関心も強まって，特にゲイ・レズビアンの子どもたちは，自分たちのそれが明らかに同性に向いていることを意識し始める。そして特に気になる同性の同級生や友人ができて，その相手と心理的にだけではなく，身体的にもふれあいたい，つながりたいという衝動が高まってくる。しかしそれは周りの友人たちとは明らかに違うようで，友人にも親や教師にも，相談できない悩みとなる。筆者の関わっている電話相談の事例から2つ拾ってみる。

　「学校の女の子の友達で，すごく好きな子がいて，ハグしたい，手をつなぎたいと思う。これは恋愛感情？　よくわからない。誰にも相談できないので」

（16歳，女性）

「部活の後輩を好きになった。向こうは彼女がいるみたいで，ちょっとしたことでこっちの気持ちも浮き沈み。自分はたぶん同性愛。それがいけない」

(17 歳，男性)

　日高は，インターネットを使って，ゲイ・バイセクシュアル男性のメンタルヘルスについての大規模な調査を何度か行っており，1999 年の調査（日高・他，2007）ではゲイ・バイセクシュアル男性の「思春期におけるライフイベント平均年齢」を描出しているが，そこでは「ゲイであることを何となく自覚した」が 13.1 歳，「ゲイであることをはっきり自覚した」が 17.0 歳，そして「男性と初めてセックスした」が 20.0 歳となっている。一方でこれらの年齢の間には，たとえば「自殺を初めて考えた」が 16.4 歳，「自殺未遂（初回）」が 17.7 歳など，ゲイであることを自覚しながらも受け入れられず，死をも意識して強く葛藤する若年者の姿も映し出されている。

　もとよりこの時期は，自分がどういう存在であるか，自分はこの先どのように生きていくかを深く考える時期である。この時期に友人や教師と交わり，書物などを読んで，生きることについて考えることが将来の土台になるのであろうが，基本的なアイデンティティの一つである「性のあり方」のところで，セクシュアル・マイノリティの子どもたちは，つまずくことが多い。一方で，性に関する情報は，インターネットやスマートフォンの普及で，あらゆるものにアクセスできるようになっており，思春期の子どもたちが孤独の中で誰かとつながりたいという止むに止まれぬ衝動から，他者と性的な接触を持つことも容易に可能になっている。しかしそこには常に性被害や性暴力のリスクがあり，助けを求めた子どもたちをさらに追い込むことにもなりかねない。2015 年 4 月と 2016 年 4 月に文部科学省が学校現場に向けて出した，性的マイノリティ全般への配慮の必要性を明記した通知や資料[注1]，NHK 等での活発な LGBT についてのサポートキャンペーン，あるいは種々の NPO による LGBT 若年層への支援が，現在少しずつ実を結びつつあるが，一方で学校

注1)「性同一性障害に係る児童生徒に対するきめ細かな対応の実施等について」（2015 年 4 月），「性同一性障害や性的指向・性自認に係る，児童生徒に対するきめ細かな対応等の実施について（教職員向け）」（2016 年 4 月）。

での性教育に対する旧態依然とした横やりなどもいまだにあるようで，セクシュアル・マイノリティを含めた性に関する具体的，実際的な知識を教育現場で提供していくことは，上の世代の待ったなしの義務である。

II　リスク行動とセックス

　HIV 感染症の治療はこの数年で急速に進歩をとげて，現在は1日1回1錠という最少の服薬でも，免疫機能やウイルス量をコントロールできるような薬も出ており，生活の質を落とさずに治療を継続することが可能になっている。筆者が非常勤医として勤務している診療所でも，日中普通に仕事をして夜診察に来る感染者も多い。

　一方で新たに報告される HIV 感染者の数は，ここ10年程は年間1,000件程度で高止まり傾向であるが，その多くを20代～30代の若年層が占めている。さらに日高によれば，2014年の調査でのゲイ・バイセクシュアル男性のセックス時におけるコンドーム使用率は31.2％で，年代別では10代と50代以上の使用率が最も低かったが，すべての年代で決して高い数字ではなかったという（日高，2016）。よく知られているように，コンドームを使わないアナルセックスでは HIV 感染のリスクが高まるが，日高らのインターネット調査でも，年ごとに割合にはややばらつきがあるがアナルセックスを多くが経験しており，アナルセックスはゲイ・バイセクシュアル男性の日常的な性行為の一つである。しかしそこでのコンドーム使用は，実際には決して十分に浸透しているとは言えない。

　ところで「REACH Online」と言われるこの日高らによるインターネット調査（http://www.health-issue.jp/gay-report/index.html）は，2007年からはほぼ毎年のように行われているが，時代の流行などを取り入れて年ごとに少しずつ違った角度からゲイ・バイセクシュアル男性の性行動の実態を描出してくれている。2011年からは，質問項目にアルコールや薬物使用についての項目も入るようになってきている。インターネットで本人が特定できないからこそ率直に答えてくれる，この調査ならではの項目であろう。調査の中心となっているのは，20代～30代の都市部に住む比較的性的に活発なゲ

イ・バイセクシュアル男性と思われる。

　そこで浮かび上がってくるのは，非常にざっくりと言えばこんなゲイ・バイセクシュアル男性たちの姿である。20代〜30代中心で，3割前後には交際相手がある。これは年代が上がればより高くなっていく。出会いのきっかけは，最近ではゲイ向けに開発されたSNSやアプリが主流で，交際相手がいてもこれらを使って他の男性と会って，性的接触を持つこともある。2割前後がいわゆる「ハッテン場」というセックスが目的の商業施設を利用しており，いわゆるゲイバーを利用している人はもう少し割合が高いが30代〜40代が中心，クラブイベントは20代〜30代中心。「ハッテン場」系の施設やゲイバーは，最近以前より利用率が減少しているという。これにはSNSやアプリの新しい出会いの手段の影響が考えられている。そして全体の中では少数だが一部が，セックスの際に主に友人から勧められて，違法薬物等を使ったことがあるという。我が国でのゲイ男性を中心とした性的マイノリティと薬物乱用・依存の関係については，嶋根らの論文に詳しいので，ぜひお読みいただきたい（嶋根・日高，2013；嶋根，2016）。

　これまでもコンドームを使わないセックスや薬物を使ったセックスなど，「リスクの高い」セックスについては，ゲイ男性の自己評価あるいは自尊感情の低さや，その根底にある「内在化されたホモフォビア」の視点から語られることが多かった（Meyer & Dean, 1998）。これらに加えて，特に都市部では「ハッテン場」へのアクセスが容易なこと，SNSやアプリでより簡単にセックスの相手を見つけることができるようになったこと，あるいはHIV感染症が「慢性疾患化」することで当初のような危機感が薄れてしまったことなどが絡み合って背景要因となり，現在の状況があるのかもしれない。しかしセックスは人の基本的な営みであるから，それ自体に善し悪しはつけられないだろう。日高も言うように「ゲイ男性におけるセックス場面は，性的指向を隠すことなく自分らしく過ごすことのできる数少ない機会」（日高・嶋根，2012）であり，特にゲイとして行動を始めてまだ間もない，性的に活発な20代〜30代では，ここで浮かび上がった姿はむしろ自然なものにも思える。

　そこで東京を始めとした大都市には，HIV予防啓発を目的としながら，

セクシュアル・マイノリティに対する地域の情報センターとして機能・運営されている施設がいくつか存在する。新宿二丁目のaktaや大阪・堂山のdistaがそれであり，同様の施設が名古屋，福岡，札幌にもある。そこではHIV関連の情報だけでなく，セクシュアル・マイノリティのセックスを含めた生活や「人生」に関わる情報も得ることができる。また先にも述べたように若年層や青年層のサポートやパートナーシップの支援などに特に力を入れて活動するNPOも各地に存在する。こうしてセックスを，当然のことであるが，セクシュアル・マイノリティの生活や「人生」の中の日常の営みとして捉えて，それがより健康に，安全に行えるように，地域や社会全体で支援していくことが大切だと思われる。それにはもちろんいくつかの自治体のパートナーシップ制度などのように，行政が目に見える形で支援を示すことも大きな後押しとなる。

　また薬物依存の領域では，最近我が国でも「ハームリダクション」という考え方の重要性が語られるようになってきている。これは実はHIV感染者支援の領域では，以前から言われ，実行されていたことでもある。詳細は成書（松本・他, 2017）を参照されたいが，HIVや薬物の問題が，彼らのアイデンティティの基本の一つであるセックスと表裏になっているセクシュアル・マイノリティには，より有効で必要な方法であると筆者も考える。

III　ゲイ・カルチャーとセックス

　かつてはゲイ同士が出会うには，口コミレベルでの情報をもとに，特定の旅館等の施設や屋外の場所に行く必要があった。しかしその後ゲイを対象にした雑誌がいくつか創刊されて情報が行き渡るようになり，大都市を中心にゲイバーやハッテン場など他のゲイと出会える場所も増えてくる。時代の流れとともにインターネット，さらにはSNSやアプリの普及で出会いの機会はさらに広がっている。多くはセックスが目的の出会いであるが，友人やパートナーに関係が発展することもある。しかしもともと出会い自体が抑圧されていたために，セックスを中心とした「出会いの様式」が一種の「文化」として発展してきた感がある。出会いの機会が増えてくるようになると，それ

はさらにそれぞれの性的な好みに沿って，細分化されるようになる。比較的タイプを限定したゲイバーであり，「○○専ナイト」をテーマに掲げたクラブイベントであり，タイプや年代により分けられた有料「ハッテン場」である。こうしてより自分の好みに合った相手と出会いやすくするような装置が，さらに洗練された形で作られていく。

　あるいはドラグクイーンやゴーゴーボーイズなど，「ゲイ・カルチャー」のアイコンと言われるような存在は，いずれもセックスやセクシュアリティの要素を前面に出して表現している。これらには，もともと否定的な文脈で語られがちなセクシュアリティの曖昧さや「マッチョ」な男性への嗜好を，戯画的なまでに強調して表現することで，それらが置かれた文脈自体を壊すという意図があると思われる。

　出会いを目的とした装置といい，「ゲイ・カルチャー」のアイコンといい，これらは時に外からはセックスの要素が過剰であるように見えるかもしれない。しかしもともと抑圧され，目に見えないものにされてきたものには，過剰なくらいがバランスとしてちょうど良いのである。このようなカルチャーを体感し，体験することを通じて，セクシュアル・マイノリティは自身の存在をあらためて確認し，ともすればネガティブに傾きやすい自己評価や自己認識を，修正していくことができるのだと思う。

Ⅳ　セクシュアル・マイノリティのセックス

　ここまでセクシュアル・マイノリティとセックスについて，いくつかの視点から見てきたが，では実際セクシュアル・マイノリティの人たちは，どういうセックスをしているのか？　マジョリティであるヘテロセクシュアル（異性愛者）のセックスと違いはあるのか？

　実はこの原稿の依頼を受けた時のタイトルは「セクシュアル・マイノリティのセックス」であった。しかしこのタイトルでは実際にはあまり書くことがない。今時，セックスが「男女の間」のもので，「膣にペニスが挿入されること」と考える人はいないと信じたいが，人と人が会って，親密さを感じ性的な関わりを持ちたいと思うとき，そしてそれをお互いの体を使って実際の

形にする時，それはすべてセックスと言えるのであろう。ゲイ・バイセクシュアル男性のアナルセックスも，あくまで選択肢の一つである。レズビアン女性のセックスの実際については，牧村が著書の中で軽妙な語りで教えてくれる（牧村，2013）。また針間が，豊富な臨床経験をもとに，「トランスジェンダーの性行動の実際」についてまとめているが（針間，2018），そこでは彼らの性行動のあり方や，その際に持つ悩みや課題，あるいは臨床家の関わり方などが詳述されており，一読に値する内容となっている。これらを読めば読む程，セックスのバリエーションの豊かさと，異性愛者を含めてそれらが基本的には等価であることをあらためて思う。「セクシュアル・マイノリティのセックス」はあり得ないのである。

おわりに

　筆者の盟友とも言える同じ診療所で働く精神科医に，今回「セクシュアル・マイノリティのセックス」というテーマで原稿の依頼を受けたことを話したら，「セクシュアル・マイノリティのセックスと言っても，別に変わったことはないよ。結論は同じです，だよ」と返事がすぐに返ってきた。その時に今回の文章の着地点が見えた気がした。そしてそれは至極当たり前のことであった。しかしこの当たり前のことを当たり前と言うまで，セクシュアル・マイノリティではずいぶん時間がかかったように思う。

　そしてご存知のように，時代は変わりつつある。もっと目に見える存在になったセクシュアル・マイノリティが，臨床の場でもっとセックスのことを語れるように，これからは臨床家の配慮が一層求められる。セックスという当たり前だけれど彼らの存在に関わる大切な部分を丁寧にすくいあげて話題にしていくことは，それ自体がそのまま優れて治療的な行為であり，彼らとの臨床をもっと豊かにしていくことにつながると思うので。

文　献

針間克己（2018）性的少数者へのセックス・セラピー　2　トランスジェンダー（日本性科学会編）セックス・セラピー入門─性機能不全のカウンセリングから治療まで．

pp336-344, 金原出版.
日高庸晴（2016）ゲイ・バイセクシュアル男性のメンタルヘルスと自傷行為. 精神科治療学 31（8）; 1015-1020.
日高庸晴・木村博和・市川誠一（2007）厚生労働科学研究費補助金エイズ対策推進事業「ゲイ・バイセクシュアル男性の健康レポート 2」（http://www.j-msm.com/report/report02/report02_all.pdf）
日高庸晴・嶋根卓也（2012）性的指向の理解と専門職による支援の必要性. 精神療法 38（3）; 50-56.
牧村朝子（2013）百合のリアル. 星海社.
松本俊彦・古藤吾郎・上岡陽江編著（2017）ハームリダクションとは何か―薬物問題に対するあるひとつの社会的選択. 中外医学社.
Meyer IH & Dean L（1998）Internalized homophobia, intimacy, and sexual behavior among gay and bisexual men. In Herek GM（Ed）Stigma and Sexual Orientation. SAGE Publications.
嶋根卓也（2016）LGBT における HIV 感染症と薬物依存. 精神科治療学 31（8）; 1045-1052.
嶋根卓也・日高庸晴（2013）性的マイノリティと薬物乱用・依存の関係. （和田清編）依存と嗜癖―どう理解し, どう対処するか. pp115-126, 医学書院.
Silverstein C & Picano F（1992）The New Joy of Gay Sex. New York, Harper Collins Publishers.（伏見憲明監修・福田廣司, 他訳（1993）ザ・ニュー・ジョイ・オブ・ゲイ・セックス. 白夜書房）

日本における「同性愛」の stigmatization の歴史

平田俊明

本稿では，日本における「同性愛」の stigmatization の歴史について，近代以降（主に大正時代）に焦点をあてて述べる。

I 「変態」という言葉の変質

現代の日本でも，同性愛を揶揄するような状況は，日常生活の中のいたるところで見聞きされる。ある中学3年生のゲイの男子は，中学校の教員が述べた差別的な発言を以下のように報告している（伊藤・他，2003）。

「女子生徒が，先生に冗談まじりに『変態だ！』といいました。先生は『バカ。変態っていうのは，男が男を好きになったり，そういうのを変態っていうんだよ』と冗談まじりに返しました」。

「変態」という言葉は，他人を揶揄する言葉として頻繁に用いられる。上述のように，「変態」の中には「同性愛」も含まれることがある。

「変態」という言葉には，もともと「倒錯」というような意味合いはなく，「姿が変わる」とか「常態ではない」という意味しかなかった（小田，1996）。その「変態」という言葉が変容したのは，大正時代，1910年代から1920年代にかけての時期である。

本稿では，変態という言葉の意味が変質した大正時代——「同性愛」という日本語が登場したのもこの時期である——の日本の状況をみていき，西洋

化とともに，性（セクシュアリティ）に対する日本人のメンタリティが変わっていったことを明らかにしたい。

1910年代から1920年代にかけては，複数の性科学者と呼び得るような人々が登場し，次々と通俗的な性研究雑誌や通俗性科学書が刊行され始めた時期である。この時期を称して「通俗性科学ブーム」と呼ぶ研究者もいるほどである（古川，1993）。

1913年に，Krafft-Ebingの『性的精神病質』（原著は1886年刊）が『変態性慾心理』というタイトルで翻訳・出版されたことがそのきっかけになった。この時期の通俗的な性科学の刊行物の書名や雑誌名には，「性欲」や「性」という言葉と並んで，「変態性欲」や「変態」という言葉が使われているのが目立つ。性的倒錯という意味の「変態性欲」やその省略形である「変態」という表現は，この時期に作られた新語である。先述したように，それ以前の「変態」という言葉には「姿が変わる」とか「常態ではない」という意味しかなかった。この「変態性欲」という言葉の定着とそれへの関心は，直接にはKrafft-Ebingの翻訳書の影響によるところが大きかったと思われる。

文化人類学者の小田は，「フーコーのいう『倒錯的快楽の精神医学への組み込み』が，日本でも始まった」と述べているが（小田，1996），この時期に，人間の性（セクシュアリティ）の表現形を正常と異常とに区分し，「性倒錯」を「臨床的」に分類し，その倒錯の摘発や矯正を要求するという動きが生じ始めた。

1920年頃を境に，性（セクシュアリティ）をどうとらえるかという日本人のメンタリティは，それ以前のあり方とはうって変わってしまったようである。それまでの日本には，「変態性欲」や「性倒錯」という概念はなかったのであるから。

さらに1920年頃からは，同性愛に対するスティグマを内在化した「当事者」の語りも認められるようになる。社会学者の古川は，1920年代に発行された『変態性欲』という雑誌に匿名の「同性愛者」から寄せられた次のような手紙を紹介し，「悩める『同性愛者』が，大正時代に誕生したことが確認できる」と述べている（古川，1993）。

「……此の自分の変態な恋に苦しむ『辛さ』を或は此方面としては有り触れた事かも知れませんが書き綴って，理解深き先生に打ち明けて，せめてもの心やりとしたいと思ひます……先生の科学的な立場から離れて，此不幸に生まれて来た自分を憐れんで下さい……先生何とかならないものでせうか。実に苦しいのです」。

同じ雑誌の別の号には，「同性の裸体，ことに生殖器を窃視することに快感を感じることに悩んでいる」という匿名の人物からの手紙に，「御恥ずかしい話ですが，変態性欲の所有者で御座います」と書かれていたことも紹介されている。自ら「変態性欲の所有者」だと称し，自分自身の存在をおとしめる「同性愛者」が，この頃登場したわけである。
　――はたして，大正時代以前の，「男色」や「衆道」を実践していた人々は，このように自らの存在をおとしめて捉えていただろうか。
　現代の日本においてみられる，同性愛のstigmatizationは，大正時代，1920年頃に生じた日本人のメンタリティの西洋化に由来する部分が大きい。

II 「色」から「愛」へのシフト

比較文化学者の佐伯は，「江戸時代の日本では，男女間，あるいは同性間の好意を表現するのに，主として『色』や『恋』や『情』といった言葉を使っていた」と指摘し，「今私たちが当たり前のように使っている『愛』や『恋愛』という言葉は，明治になって，英語の『ラブ』という言葉の翻訳語として使われ始めたものであり，『文明開化』の日本にふさわしい新たな男女の関係を表現するという，輝かしい期待を担って登場した言葉であった。それは，江戸時代以前に日本が使っていた『色』や『情』という表現とは異質なものとして，『西洋』への憧れと一体となって，明治人の心を魅了したのである」と述べている（佐伯，2000）。
　佐伯は，「文明開化」当時の「恋愛」の概念の特徴を，従来から日本にあった「色」と対比して，表1のように示している。
　精神と肉体とを分離せず両者を包摂していた「色」という考え方が，「文

表1 「色」と「愛」の対比（佐伯，2000）

「色」	「愛」
一対多 または 多対多	一対一
肉体関係の肯定	肉体関係の排除，精神的関係を賛美
結婚外	結婚内
非日常	日常生活

明開化」以降，両者を分け，精神のみを重視する「愛」という概念へと変化していった。また，「色」には，「ハレ」という非日常の時空間を体験するという意味合いがあったが，「愛」という概念では，その意味合いも変わっていった。

　ジェンダー・セクシュアリティの研究者である前川は，明治時代に「恋愛」という翻訳語が「結婚」と結びつけられるようになり，当時の男子学生たちの間に「恋愛-結婚-家庭」という幸福イメージが浸透していき，それが「学生男色」を解体させる一つの要因となったことを指摘している（前川，2011）。

　先述のように，「同性愛」という日本語自体，大正時代につくられた翻訳語であり，それ以前の日本では「男色」や「衆道」という言葉が，男性同士の（性愛も伴う）関係性を指すのに使われていた。大正時代に，「男色」が「同性愛」に取って代わられたわけである。佐伯の言う「色」から「愛」へのシフトがここにも見出せる。

Ⅲ　男色，衆道

　「男色」という言葉は，近代以前の日本における男性間の親密な関係性に対して広く使われていたようである。日本の歴史を通じて，さまざまな表現の中に，同性同士の（性愛も伴う）親密な関係性を——女性同士に関するものを見つけるのが近代以前には困難であるが——認めることができる。藤原頼長の『台記』，『稚児之草紙』，『稚児観音絵巻』，『葉隠』，旧薩摩藩でみられた，兵児二才，世阿弥は「稚児は幽玄の本風也」と語り，井原西鶴は「色道ふたつ」という言葉を残している。院政期の研究者である五味は，『院政

期社会の研究』という著書の中で,「院政期の政治史を考える時,この問題（男色）を抜きにしては語れない」とまで述べている（五味，1984）。

男色の歴史を網羅するのが本稿の趣旨ではないので，ここでは，日本的な精神性の一つのありようを示している「衆道」について，南方熊楠の思想を引き合いに出しつつ，言及する。

現代で言う「性（セクシュアリティ）」に相当する領域は，近代以前の日本では,「色」という言葉とともに,「道」という言葉でも言い表されていた。

近世になってから，男色を指す言葉として，「衆道」「若衆道」「若道」「男色の道」などが使われるようになり,「道」という言葉が付くようになった。戦国から江戸初期にかけて，武士の間でみられる男色は，武家社会の作法を含むようになり,「衆道」あるいは「義兄弟の契り」と呼ばれるようになる。衆道は,近現代のような「性の逸脱や異常」という扱いを受けることはなく,逆に「武士道の華」とさえ賛美されることもあった（氏家，1995）。年上の「念者」と年下の「稚児」「若衆」との間に結ばれる絆は，生死をともにするという強いコミットメントを要請されるものであった。『葉隠』には，命を捨てることが,「衆道」における最高の境地に達する,とさえ書かれている（山本，1716）。

南方熊楠が，衆道の兄弟関係に強い関心を抱いていたことは，よく知られている。熊楠によれば，衆道における義兄弟の契りと呼ばれるものは，単に性の愉悦を享受するための性的な嗜好ではなく,「兄」と「弟」との間の友愛の絆こそが，その本質である（氏家，1995）。熊楠は，友愛としての衆道を「浄の男道」と呼び,「男色」と区別して考えていたようである（南方／中沢，2003）

中沢新一は，熊楠のこのような思想を以下のように解説している（中沢，1992）。

熊楠は，男性の同性的な愛には，二重構造があるのだという，とても重要な指摘を行っているのである。いっぽうでは，容姿や心だてに優れた少年に，年上の青年たちが恋情をいだき，少年を肉体的にも自分のものにしたいという欲望がある。しかし，その一方では，昔から男の同性愛の世界では，兄弟分の「契

り」という要素が，きわめて大きな位置を占めていて，いったん兄分と「契り」を結んだ少年に対しては，邪恋を仕掛けることは恥ずべきことである，という考えがゆきわたっていたのである。つまり，同性愛の世界は，肉体的な欲望と道徳的コードの，ふたつの極からできあがっており，肉体的な性行為だけをとりあげて，この世界を論じたりすると，ことの本質を見誤ってしまうと，熊楠は考えているのである。

「浄の男道」は，このうちの道徳的コードにとくに深くかかわっている……

若い同性愛研究者である岩田準一にむかっては，男色の世界はたんなるアナルエロティックな性行為の様式を中心にできあがっているのではなく，彼が「浄の男道」と呼ぶ，高い精神的道徳的な価値を生み出すことのできる，男同士の友愛の道こそが，その世界全体を支える，根本的な原理になっているのだ，と熊楠はこんこんと説明しようとした。

性（セクシュアリティ）をめぐる南方熊楠の思想は——熊楠が興味を注いだほかのさまざまな題材と同様に——非常に広範にわたり奥が深い。曼荼羅的とさえ言える（安藤，2007）。その思想をとても一言で要約することはできないのだが，中沢は，「精神的なものと肉体的なものを対立させて考える，西欧のキリスト教的な考え方では，性愛の人類史を描ききることはできない」という前提を述べた上で，熊楠が「そういうものとは，別の視点にたって，人間の性の世界をのぞきこもうとしていた」と指摘している。

英国の精神科医 Storr は，『性の逸脱』という著書の中で，同性愛の男性が相手をよく変えるのは同性愛に充足感がないからだと述べて，「同性愛という生き方には，人を満足させてくれないものがどうしても残るのである。そこでわたしたちとしては，同性愛的な行動パターンを未然に防いだり，別の形に改めたりするための研究を，あらゆる手だてを尽くして真剣に育てていかなければならないわけである」と主張している（Storr, 1970）。しかし，江戸時代の日本にみられる衆道の男性同士の絆の強さをみれば，充足感のなさゆえに相手を頻繁に変えるなどとは言えないことがわかる。逆に，現代日本に生きる「ゲイ男性」が「相手をよく変える」のであれば，それは，近代以前の日本にあった「義兄弟の契り」のような，性愛も伴う同性同士の絆の

持ち方が西洋化によって失われてしまったからだ，とさえ言えるのではないか。

ただしここで一つ留意しておきたいのは，現代における「同性愛」と，近代以前の「男色」「衆道」とでは，築かれる関係性の性質がイコールではない部分も多くあるという点である。現代の同性愛においては，対等な「男性」と「男性」との関係性が築かれ得るが，近代以前の男色ではそうではない場合が多かった。

一つは，男色においては，両者の間に年齢差がありなんらかの上下関係が含まれていることが多かった。年上の者は「念者」と呼ばれ，年下の者は「稚児」「若衆」などと呼ばれ，年上の者が年下の者に対して，庇護的な役割や教育的な役割をとることが多く，両者の関係性は対等ではなかった。むしろ，対等ではないということが男色の特色であったといえる。

もう一つは，男色においては，両者の関係性が，いわゆる「男性」と「男性」との関係性ではない場合もあった。近世においてみられた「陰間茶屋」では，女装した男性が女性的な役割を取りつつ，客である男性を相手にした。中世寺院における僧侶と稚児との関係性についても，「その内実は異性愛に近かった」のではないか，と指摘する研究者もいる（田中, 2004）。近代以前の「男色」「衆道」というあり方と，現代の「同性愛」とでは，質的に異なる部分があることもふまえておく必要がある。

Ⅳ 「罪」の輸入

西洋において，同性愛がどのように捉えられてきたかという歴史の流れが素描される際，まず最初に，「罪」という観点が挙がることが多い（Conrad et al, 1992）。ここでいう罪は，神に背く罪 sin であり，宗教的ないしは道徳的な意味での罪である。キリスト教の聖書のいくつかの章句がその根拠として引用される。レビ記の「あなたは女と寝るように男と寝てはならない。これは憎むべきことである」という章句や，コリント人への第一の手紙の「不品行な者，偶像を礼拝する者，姦淫をする者，男娼となる者，男色をする者，盗む者，貪欲な者，酒に酔う者，そしる者，略奪する者は，いずれも神の国をつぐことはないのである」という章句がよく引かれる。西洋の歴史の中で

最初に「罪」とされた同性愛は，そのあとに「犯罪 crime」とされ，続いて精神医学によって「病理 pathology」であるとされた。

同性愛を罪とし，レズビアン，ゲイ，バイセクシュアル（LGB）の人々に罪の意識を抱かせるというスタンスは，同性愛を病理とした精神医学の体系の中に受け継がれ，さらに，先述したように，西洋精神医学の輸入とともに日本にも広まっていったのである。

筆者は臨床の中で，リストカットなどの自傷行為の経験のある LGB の人たちに出会うことがある。特に思春期の頃に自傷行為をしている人が多い。思春期に自傷行為をするのはなにも LGB だけに限ったことではないが，LGB の人たちに特徴的なのは，「同性を好きになることはいけないこと，罰を与えなければ」「自分は動物として間違っている」などと強い自責の念——自らのセクシュアリティと関連づけられた自責の念——を抱いていることである。自らを責める思いを抱き，自らを傷つける LGB の中学生・高校生が——その事実が明らかになるのは，彼ら・彼女らが成人してから，思春期の体験をようやく言語化できるようになってからのことが多いが——いる。そのような中学生・高校生は，西洋——「罪 sin」という考え方の発祥地である西洋——にだけでなく，現代の日本にも多数存在している。臨床家による支援を必要とする人々がいる。

精神科医でありユング派分析家である秋田は，西洋精神医学の中にキリスト教的価値観が取り込まれていることに日本人は気づいておく必要がある，と指摘する（秋田，2001）。

　現代日本の精神医学はおおむね西洋精神医学に則っている。ところが，そのものの見方の根底には，われわれ日本人が受け入れることができなかったキリスト教がある。もちろん，DSM-Ⅳや ICD-10 のなかにキリスト教用語が公然とちりばめられているわけではないが，この背景には「キリスト教」がたしかに存在する。そこのところにわれわれ日本人は気付いておく必要がある。

秋田は，その論拠として，19 世紀後半，ヨーロッパにおいて近代精神医学の体系が形成されつつあった時期に，多くの精神科医たちが依拠していた

「変質学説」と呼ばれる説の及ぼした影響について述べている。変質学説とは，フランスの精神科医 Morel が 1857 年に発表したもので，Morel の考えによると，「人間の原子型はアダムだが，アダムは原罪によって堕落したため，それまでは無害であった外界のもろもろの影響を人間が受けるようになり，その結果として遺伝を免れることができなくなった。健康者のほかに時おり変質者(dégénéré)が現れるのはこのため」である（神谷，1993）。Morel は，「精神疾患は一つの変質である」と述べ，正常型もしくは原初型 type primitif は神の創造の賜であり，変質は人間の原罪がもたらした根源的堕落とみなしている。

現代の日本人には奇妙に聞こえるであろうこの「変質学説」であるが，決して「変わり者の奇説」などではなかった。フランスのみならず，19 世紀後半のヨーロッパ精神医学の種々の著名な著作にこの変質学説の考え方は取り込まれている。上述した Krafft-Ebing の『性的精神病質』は，明らかに変質学説の考え方に基づいて書かれている。当時のヨーロッパの精神科医たちの世界観において，このような考え方はなんら不自然なものではなかったのだろう。秋田は，変質学説がヨーロッパの精神医学会を席巻していた時期が，（西洋精神医学の体系がクレペリンを中心として確立されつつあった）19 世紀後半であったことに注意を促し，「そのいわば揺籃期に刷り込まれた，というより半意識的にキリスト教を取り込み成長したのが現代西洋精神医学である」と看破している。

同性愛を罪とするキリスト教的価値観は，西洋精神医学の中に取り込まれ，西洋精神医学を輸入した日本にも持ち込まれるに至り，それまで男色と呼ばれていた同性同士の親密な関係性は，「性倒錯」「変態性欲」という言葉でおとしめられるようになった。近代精神医学は，日本の LGB の人々にも自責の念と罪悪感を植えこむ役目を果たしたといえる。

結　語

現代の日本で使用されるセクシュアリティ関連の言葉は，カタカナ言葉が多い。あるいは日本が近代化されるに伴って欧米から入ってきた外国語の「翻

訳語」であることが多い。先述のように，「色」という日本語が「愛」という翻訳語に取って代わられていったのは，その一つの例である。

近代化される以前の日本の精神性には，同性同士の（性愛を伴う）親密な関係性の存在する余地が充分にあったのである。

欧米から輸入される西洋的なセクシュアリティ概念を取り入れつつも，何百年も前から日本に存在していたはずの日本人独自の性愛の捉え方（性愛の享受の仕方）を再発掘し再吟味し，今後，後者をも入れ込んだ日本人の性愛観（セクシュアリティ観）を再度新たにかたちづくるとよいのではないだろうか。それは，より地に足のついた性愛観になるのではないだろうか。そのように筆者は考えている。

文　献

秋田巌（2001）心理療法と人間—Disfigured Hero 試論．（河合隼雄編）心理療法と人間関係．岩波書店．

安藤礼二（2007）近代論—危機の時代のアルシーヴ．NTT 出版．

Conrad P, Schneider JW（1992）Deviance and Medicalization : From badness to sickness. Temple University Press.（進藤雄三監訳／杉田聡，他訳（2003）逸脱と医療化．ミネルヴァ書房）

古川誠（1993）セクシュアリティの社会学．別冊宝島 176　わかりたいあなたのための社会学・入門．pp176-219, 宝島社．

五味文彦（1984）院政期社会の研究．山川出版社．

伊藤悟・大江千束・小川葉子，他（2003）同性愛って何？ 緑風書院．

神谷美恵子（1993）モレル．（加藤正明，他編）新版　精神医学事典．弘文堂．

前川直哉（2011）男の絆—明治の学生からボーイズ・ラブまで．筑摩書房．

南方熊楠／中沢新一編（2003）南方熊楠コレクション第 3 巻　浄のセクソロジー．河出書房新社．

中沢新一（1992）森のバロック．せりか書房．

小田亮（1996）一語の辞典—性．三省堂．

佐伯順子（2000）恋愛の起源．日本経済新聞社．

Storr A（1970）Sexual Deviation. Penguin Books.（山口泰司訳（1992）性の逸脱．岩波書店）

田中貴子（2004）性愛の日本中世．筑摩書房．

氏家幹人（1995）武士道とエロス．講談社．

山本常朝（1716）葉隠．（奈良本辰也訳（1969）日本の名著　17．中央公論社）．

■特別寄稿

セクシュアル・マイノリティのクライアントを恥意識の視点から援助する

スティーブン・E・フィン
訳：中村伸一

　恥意識（shame）は人が経験する最も痛々しい感情の一つであり（Malatesta-Magai, 1991），近年では極端な恥意識とその心理や行動の上の多大な問題との関係に関心が集まり続けている（Dearing & Tagney, 2011 ; Gilbert & Andrews, 1998）。30年以上におよぶセクシュアル・マイノリティ・クライアントとの臨床経験を通じて，私は，彼らを援助する専門家であれば，恥意識についてのエキスパートになることが，重要であることを確信するに至った。恥意識を意識し，そこから癒しをもたらしてセクシュアル・マイノリティ・クライアントを援助するということは，一人の専門家が提供できる最も重要で人生を変えうる介入の一つになりうるであろう。この論文で，私はどのように恥意識が発達し，メンタルヘルスにどのような影響をもたらすのか，なぜセクシュアル・マイノリティ・クライアントに恥意識がよくみられるのか，そしてそれに対するいくつかの介入方法について論じてみたい。

I　恥意識の発達

　現在では人間はある社会的な状況下で，生物学的に恥意識をあらかじめ体験するように素因として持つということが一般的に理解されている（Schore, 2003）。恥意識は生後18カ月には芽生え，それはもともと子の振る舞いや特性（たとえば，垂れ流された排泄物）のいくつかに世話をする人が怒り，恐怖，嫌悪もしくは拒絶をもって反応するときに引き起こされる。このような世話をする人の反応は，子どもの交感神経が活性化した状態（興味，好奇心，興

奮）から，副交感神経が活性化した状態（ひきこもり，ショック，苦痛）へと，迅速に変化させてしまう。それは，前進しようとする車にいきなり「バック・ギア」が入ったようなきわめて突然のひきこもり体験を起こす。世話をする人の拒絶を引き起こす行動や感情表出は，その後，その子がこれからも同じような行動を繰り返す可能性のある場合には，子どものなかに恥意識を引き起こす「条件付けされた」刺激となる。その結果，子どもは，たとえ世話する人がその場にいなくともこうした（嫌がられる行動を）なるべくしないようになる。しかしながら，もしも最初の叱責の後，世話をする人が，子どもの反応に適切に冷静に対処したり修正できたりすると，子どもの心理的な平衡状態は，再度立ち直ることができ，大きなネガティブな感情状態を起こすことはない。事実，正常な恥意識の修復相互作用が小児期に惹起されることで成長にともない前頭葉が発達し，より良い情動調節と衝動コントロールが獲得される（Schore, 1998）。

　恥意識が問題化するのは，①世話をする人からの拒絶と叱責が激しい時，②世話をする人が，その後，落ち着いてその修復を提供できない時，③多くのいろいろな行動や感情表出が恥として認識される時，④正常で，適応的な行動や感情（たとえば，怒り，喜び，性的な好奇心の表出）が恥とされる時である。恥意識はその後の発達の時期においても，世話をする人，家族，そして仲間からの拒絶や屈辱によって，醸成されたり強化されたりする可能性がある。多くのセクシュアル・マイノリティ・クライアントは，その成長の過程で，仲間から受けるいじめや誹謗中傷の結果，深い恥意識のなかで苦しみ，しばしば教師，スポーツのコーチ，あるいはボーイスカウトのリーダーたちはそれを見て見ぬふりをする。

II　文化差

　恥は普遍的な感情であるとしても，受け入れがたいと思われる行動や感情は，文化によって極めてさまざまであり，その結果，何が恥を引き起こすかというのも国によって大きく違ってくる（Tracy et al, 2007）。たとえば，その人が達成したことや能力を自慢げに「誇示する（showing off）」のは，米

国では大半の地域で好ましいことと考えられ，しばしば，小学校では毎日のようにこのようなパフォーマンスを行うための時間が与えられている。これは"Show and Tell"と呼ばれる時間である。一方，スカンディナビア，オランダ，そして多くのアジアの国々では，「誇示すること」は，他者に対して不作法で不快なものと考えられ，家族以外の人々に対してプライドを過剰に持って自慢げに見せびらかすのは，親にとっても教師にとっても典型的な恥となることであり，同級生によって「こきおろされる」結果となる。また文化によっては，恥は「集団」として体験されるような広がりを持つ。たとえば，いくつかの中東の国では，女性が彼女の家族や民族に対して恥とみなされるような行為をしたなら殺害されてしまうだろう。

このように過剰な恥意識が不幸をもたらすことはあるものの，通常のレベルの恥はコミュニティで生活している上では避けがたい結果として生じる意識であり，社会的な秩序を維持する上でも役に立っている。すなわち恥意識をすべて排除しようとすることはよいこととはいえない（Nathanson, 1992）。より理にかなった目標としては，創造性や柔軟性，そしてコミュニティに貢献するような能力を制限するような病理的な恥感情を社会がつくるべきではないということである。

III　メンタルヘルスへの示唆

過度な恥意識は，うつ病，不安，嗜癖，摂食障害，解離性障害，PTSD，家庭内暴力や自殺といったさまざまなかたちでの感情的および行動的障害をもたらすと考えられてきた（Lewis, 1987 ; Tangney et al, 1992）。あるケースでは，隠された恥意識がこれらの問題の発生に寄与していたり，他のケースでは恥意識が治療の抵抗となったり，治療を複雑にしていたりする。精神的な健康に困難を抱え，治療を求めてくるクライアントにはこの恥意識がいかに当たり前のようにあるということにもかかわらず，最近までほんの一握りの専門家しかクライアントたちのこの恥意識をどのように認識し，それらを扱うかについての訓練を受けているものはいない。幸いなことに，ごく最近になって，恥意識についての関心やリサーチ，そして著作がでてくるようになった。

Ⅳ　セクシュアル・マイノリティの
　　クライアントにおける恥意識

　遺憾ながら，私にはここではその複雑な歴史的，文化的，そして政治的な原因についてはあまりに複雑すぎて論じることはできないが，多くの社会で過去に，さらに現在まで継続して，セクシュアリティとジェンダーの「型にはまらない」表現をする個人を責めたて，拒否してきている。それらには，ゲイの男性やレズビアン，バイセクシュアルもしくはトランスジェンダーの人々，他者を傷つけたりしないフェティシズムをもつ人たち（異性装好みの人や合意に基づくサド・マゾ愛好者など）もいる。世界のある場所では，ゲイ，レズビアン，あるいはトランスジェンダーであることをオープンにすると，いまだに死刑という懲罰が下る（Wikipedia, 2015）。より受容的な国々であってさえも，「標準」から外れたセクシュアリティやジェンダーを望んだり表現したりすると，いまだに排除されたり，いじめられたり，あるいは単に「放っておかれる」。その結果，恥意識と恥に対する防衛は，メンタルヘルス・サービスを求めてくるセクシュアル・マイノリティのクライアントにはしばしばみられる現象である。しばしば，こうしたクライアントの恥意識は，かれらがセクシュアリティやジェンダーを表現することに不快感があることだけに限らず，その恥意識は，かれらの全体のパーソナリティ，仕事や愛することを妨げ，大きな苦悩を導くという広範な影響を及ぼす。

　幸いにして，セクシュアル・マイノリティ・クライアントの受容は世界の多くの場所に広がり，いまだ孤立したままでかれらを拒否しているコミュニティでさえも映画やテレビ，そしてニュースでもゲイ，レズビアンあるいはトランスジェンダーのクライアントを見ることができる。米国の最高裁で同性の結婚を合法化した最近の決定は，私のところのセクシュアル・マイノリティのクライアントたちの恥意識にもすでに多大な効果を及ぼしはじめている。国のこの決定が下されたアナウンスの後の数週間のあいだに，わたくしとのセッション中にかれらがこれにどれほど感動したか，どれほどの「より自由」を感じたかを語るのを多く耳にした。それはあたかも多くのセクシュ

アル・マイノリティのクライアントたちがそれとは意識さえしなかったかもしれないずっと引きずってきた深刻な恥の意識から，最終的に解き放たれたようでもあった。

V　クライアントが恥意識を認識すること

　さて，クライアントが問題性のある恥意識に取り組んでいると臨床家が注目できるサインは何なのか？　恥を示すボディ・ランゲージは文化を超えて一致する。それらは，頭を低くして伏し目がちだったり，ぐったりともたれかかるように座っていたり，目や顔や口を手で覆ったり，口ごもりながら長い間合いを取ったり，椅子でもじもじしたり，からだをくねらせたり，失笑あるいは不安な笑みを浮かべたり，衣服や皮膚をつまんでみたり，舌や唇を噛んだり，そして泣いたりといったものである。「私は恥ずかしい……」と直截に語れるクライアントはほとんどいないので，臨床家はしばしばかれら自身を語る他のことばから恥意識を認知しなくてはいけない。それらは，ばかげた，おかしな，愚かな，まぬけな，阿呆な，弱々しい，くだらない，醜い，きまりの悪い，やましい，などといった形容である。さらに厄介なのは，底にある恥意識がしばしばさまざまな防衛的な様相で隠ぺいされることである。たとえば誇大感，露出症的表現，あるいは怒りといったものである。これは痛みを伴う恥意識に触れはじめた人にはよくあることで，それを避けようと激しい怒りの感情にまずは逃げ込み，そしてその人の抱いている恥意識を指摘した人を攻撃するのである。

VI　恥意識をもつことへの恥

　恥意識を扱うのを難しくしているもう一つの現象は，まずもって恥を感じることが，その人が自分を「悪い」「弱い」あるいは「欠点のある」存在だと感じてしまい，恥意識を防衛したり，気づかないようにすることがあるということである。これは，高い自尊心，プライド，もしくは自信が，成功やメンタルヘルスの証であるとみなされるような集団や文化で起こりやすい。

一例として，何年か前，テキサスのゲイの人権運動のリーダーだった若い男性を治療した時のことを思い出す。彼は明らかにゲイであることになんら恥意識を持っていなかったし，しばしば公衆を前にしてのイベントでもスピーチをしていたり，ゲイの人権についてテレビ番組で討論し，他の人々のカミングアウトを強く勧めていたりした。しかし，セッションでは，彼は次第に，長い期間のロマンチックな関係に浸るのを難しくしている深刻な安全感のなさと自己嫌悪に気付くようになった。ある日，セッションの最中にこの感情を，痛々しく泣きながら表出した。「でも恥の感情を感じることなんてできない。自分に恥の感情があるなんて受け入れがたい。だって自分はみんなから『ミスター・ゲイ・プライド』と思われているから」と。幸いにして，このクライアントは，わたくしたちは誰でもが，願いや正当化もできないような意思決定で，恥の感情を克服することなどしないものだという私のことばに心を開いてくれた。

Ⅶ　セクシュアル・マイノリティ・クライアントを恥意識から救う

　セラピストはさまざまな特殊な介入によって激しい恥意識からセクシュアル・マイノリティ・クライアントに多大な援助をすることができる。しかし，すべての介入は，支持的で，妥当で，共感的に同調し，誠実で，協働的な治療関係においてのみ息づくものである。まずもって私は，Gay Affirmative Practice（ゲイに肯定的な臨床）（Davies, 1996）と呼ばれているゲイ，レズビアン，バイセクシュアルのクライアントのために開発された経験的に裏打ちされた治療モデルが存在することに言及しておきたい。わたくしの臨床経験ではこのモデルを修正したものなら他のセクシュアル・マイノリティのクライアントにも成功裏に用いることができると思われる。さて以下では，Gay Affirmative Practiceから直接出てきた提案ではないが，そのいくつかを示したい。

　①すべてのクライアントがヘテロ・セクシュアルであるとか，シスジェン

ダー（cisgender）訳注1)であるとか，あるいはある性的な行動をその性別に典型的であるとみなすようなことを自動的に想定してはならない。

恥意識を生じさせる経験の一つに，排除や無視があり，これは臨床家がクライアントとのセッションを始めるにあたって，「（男性に向かって）妻もしくはガールフレンドはいますか？」とか，「（女性に向かって）夫やボーイフレンドはいますか？」といった単純なコメントが引き金になる。同様に，あなたの臨床で使っているインテイクのフォーマットやその他の記載形式がジェンダーや性指向に関して明らかな制限を加えていないかどうかチェックすることは重要である。たとえば現在ではジェンダーの二分法的定義を拒否する多くのトランスジェンダーの人たちがいる（これを時々「genderqueer（ジェンダークィア）」訳注2)という）。こうしたクライアントに最初に出会ったのはわたくしのところの情報シートに「男性」か「女性」かという項目のチェックがあることをその人が指摘した時だった。この項目にこの人は，無視された気がして，気を悪くしたのだった。そこで現在では「どのようにあなたはご自分のジェンダーを定義していますか？」という項目になっている。

②あなたのセクシュアル・マイノリティ・クライアントをサポートすることをオープンにする。

幾人かのセラピストたちは，もし，かれらに肯定的な態度をオープンにしたり，自分自身もセクシュアル・マイノリティ・グループに属しているといった事実をオープンすることが，クライアントに「影響を与える」のではないかとの恐れを表明している。わたくしは，自分のアイデンティティが不確実でその問題を解決しようとしてやってきているクライアントについて，セラピストが自分たちの生活についてつまびらかにするべきではないという意見にまったく同意する。しかし，セラピストたちは（はっきりともしくは暗に）以下のようなメッセージを送ることができる。「私自身はあなたが自分につ

訳注1) 出生時に診断された身体的性別と自分の性自認が一致し，それに従って生きる人，たとえばトランスジェンダーではない人。

訳注2) 既存の社会的範疇におさまらないジェンダーという肯定的な意味合いを含む用語。

いて決めることにはかかわるつもりはありません。そこにはたくさんの選択肢があり，そのどれもが妥当性のあるものだと思います。わたくしの願いは，あなたが自分自身で選択し，あなた自身の考えを発展させ，そしてご自分にフィットする生き方を選ぶことです」と。

すでに自分のアイデンティティと性指向とが明確になっているクライアントについても，セラピストはクライアントの選択になんら影響を与えようとは思っていないことを伝えることが良いと思う。しかしながら，もしもセラピストがセクシュアル・マイノリティ・グループのメンバーの一人である場合は，セラピストがクライアントにそのことをオープンにすることはしばしば多大なサポートとなりうる。幾人かのゲイあるいはレズビアンのクライアントたちは，評価されたり，辱められることなく安全であると感じるので，おなじくゲイあるいはレズビアンのセラピストとの治療がより心地よい。メンタルヘルスを専門医とする人々の間でも何年にもわたってセクシュアル・マイノリティのクライアントへの差別があったゆえに，これはまったく納得のいく話である。現時点ではトランスジェンダーのセラピストはごくわずかではあれ，こうしたセラピストの存在は，同様のクライアントの初期の段階でのカミング・アウトプロセスにとって重要なガイダンスを提供することになるだろう。

もちろんのことセクシュアル・マイノリティではないセラピストでも，こうしたクライアントの恥意識を癒すことができる重要な役割を取ることができる。事実，ヘテロセクシュアルやシスジェンダーのセラピストによって受け入れられ，サポートされることで，ゲイやレズビアン，バイセクシュアル，あるいはトランスジェンダーのクライアントたちが大変に癒されうることがある。

③クライアントの性行動や性的な興味について忌憚のない会話をもつことを避けたり，怖気づいてはいけない。

あきらかに，道徳的なセラピストであれば，自分たちの覗き見趣味的な興味を満足させることになりかねないとの懸念から，クライアントの性行動や性的興味についての質問が，侵入的あるいは不要なものであるとみなして控

えることがある。しかしながら，わたくしの経験からすると，かなりの数のセラピストが，クライアントが性生活について話したいとサインを送っているにもかかわらず，このことについてたずねたり，話し合おうと決してしない。わたくしがスーパーバイズしていた若い女性セラピストは，自分が知識がないことが知られ，セラピストとしての面子を失うのではないかと恐れ，クライアントの性癖についてたずねることはしないと述べた。そこでわたくしは彼女に，acrotomophilia（切断された肢体に対して性的興奮を感じる性癖；たとえば男性の切断された上腕や下肢に性的に大変興奮する）のゲイのクライアントとの最初のセッションのビデオを見せた。わたくしは事実に即した冷静な質問をしたが，それがクライアントの気持ちをとても解放したように見えた。

クライアント：先生は性癖のある人を扱っていると聞いたのですが。
フィン：ええ，そのことを通して多くのことを学んできました。
クライアント：先生は切断手術を受けた人に性的に魅かれるような方に会ったことがありますか？
フィン：聞いたことはありますが，会ったことはありません。四肢切断者に性的に魅かれるのでそのような質問をしているのですか？
クライアント：はい。
フィン：それがあなたにとって問題なのですか？
クライアント：実のところ深刻ではないのですが。でも，パートナーになってくれそうな人の数が減っているのです。
フィン：わかりました。インターネットが助けになると思いますよ。どうでしょう？
クライアント：そのとおり！　いくつかのチャット・ルームはあるんです。
フィン：すごいですね！　こんなこと聞いていいものかと思うのですが，四肢切断者であればどの方でもよいのですか，それとも特定の部位がないことに性的な魅力を感じるのですか？
クライアント：足や腕がない人に魅かれますが，顔の一部がない人には魅かれません。去年耳を切断したゲイの方に出会ったのですが，わたしの

好みではなかった。
フィン：そうですか。で，相手は男性でなくてはならないのですか？
クライアント：もちろんです……あのう，先生がこの話を聞いてショックを
　　　受けていなさそうで，淡々と率直な質問をしてくれていることでわた
　　　くしは救われています。
フィン：それはありがたい。わたくしのような反応は今までなかったわけで
　　　すね。
クライアント：そのとおり。先週，新しい精神科医から治療薬をもらおうと
　　　出かけました。その女医にこの話をしたんです。すると彼女は鼻にし
　　　わを寄せて「オェー，気持ち悪い」といったのです。
フィン：ほんとですか?!　それは気の毒だ。ひどい‼　どんなふうに感じま
　　　した？
クライアント：うーん，二度とそこへは行くまいと。
フィン：その方がいいですよ。

**④もしもクライアントがそのセクシュアリティについての<u>羞恥心や嫌悪感</u>
　をオープンに語ったならば，そう感じてもいいんだというふうに単純に
　<u>納得させようとしてはならない</u>。**
　残念なことに，こうしたことは多くの善意あるセラピストがいだくセクシュアル・マイノリティのための肯定的なセラピーの考え方の中に見られる。つまり，単純になにも恥じるべきことではないと告げたり，こころの底にある自己卑下感を「克服」すべきだなどと言ってしまう。わたくしの臨床経験では，こうした介入は単に「恥意識をもつことへの恥」を引き起こすだけでなく，より心地よくなろうとしての葛藤に身をさらすことに安全感を抱かせない。より良い介入としては，セクシュアル・マイノリティ・クライアントを援助するためには，この恥の感情はまったくもって理解しうるものであることだとみなし，この性的に抑圧された社会においては当然の感情であると思われるが，こうした感情に永久に閉じ込められる必要はないのではないかと伝えることである。

⑤セクシュアル・マイノリティ・クライアントを社会的資源やサポート・グループにリファーし，かれらがもつどんな不安にも共鳴しつつ，かれらをそうした場へ向えるように勇気づけること。

　繰り返し，繰り返しのリサーチでは，恥意識を癒す最善の方法の一つとして，同じような悩みを持ちそれに苦しんでいる人々と接することであることを示してきた。このことによってクライアントの孤立感は低減され，いままで見つけられなかったリソースを知っている人々に出会うことができる。また，より知識を積むことで，しばしば，たった今「カミングアウト」した他の人々をも助けることができるという勇気をクライアントが持つことができる。このようにしてクライアントは自らの進展に自信を持つことができ，他者を援助しているのだという感情も抱くことができる。

　最後に，わたくしはこの30年以上の心理臨床家としてのキャリアを通じて大変に多くのことをセクシュアル・マイノリティ・クライアントたちから学んできたと言いたい。さらに，かれらがわたくしに多くのことを教えてくれたこと，そしてわたくし自身の恥意識を癒してくれたことに感謝したい。

文　献

Davies D (1996) Towards a model of gay affirmative therapy. In : D Davies, C Neal (Eds.) Pink Therapy : A guide for counsellors and therapists working with lesbian, gay, and bisexual clients. pp24-40, Maidenhead, England, Open University Press.

Dearing RL, Tagney JP (Eds.) (2011) Shame in the Therapy Hour. Washington, DC, American Psychological Association.

Gilbert P & Andrews B (Eds.) (1998) Shame :Interpersonal behavior, psychopathology, and culture. pp57-77, New York, Oxford University Press.

Malatesta-Magai C (1991) Emotional socialization : Its role in personality and developmental psychopathology. In : D Cicchetti, SL Toth (Eds.) Internalizing and Externalizing Expressions of Dysfunction : Rochester symposium on developmental psychopathology. Vol 2. pp203-224, Hillsdale, NJ, Erlbaum.

Nathanson DL (1992) Shame and Pride : Affect, sex, and the birth of the self. New York, WW Norton.

Schore AN (1998) Early shame experiences and infant brain development. In : P Gilbert, B Andrews (Eds.) Shame : Interpersonal behavior, psychopathology, and culture. pp57-77, New York, Oxford University Press.

Schore AN (2003) Affect Dysregulation and Disorders of the Self. New York, WW Nor-

ton.
Tangney JP, Wagner PE, Gramzow R（1992）Proneness to shame, proneness to guilt, and psychopathology. Journal of Abnormal Psychology 101 ; 469-478.
Tracy JL, Robins R, Tagney JP（Eds）（2007）The Self-Conscious Emotions : Theory and Research. New York, Guilford.
Wikipedia.org（2015）LGBT rights by country or territory.（Retrieved August 1, 2015）

スティーブン・E・フィン（Stephen E. Finn）
　アメリカ・テキサス州オースティンに治療的アセスメント・センター（Therapeutic Assessment Center）を創設。その後，イタリア・ミラノ（European Center for Therapeutic Assessment），続いて 2014 年には東京での Asian Center for Therapeutic Assessment（ACTA）の創設に携わる。2014 年には，代表的著作である "In Our Clients' Shoes : Theory and Techniques of Therapeutic Assessment" が，『治療的アセスメントの理論と実践』（野田・中村訳，金剛出版）として翻訳され，わが国でも多くの臨床家に愛読されている。その他，ACTA での治療的アセスメントのワークショップを日本でも中村紀子らと共に年数回開催し，多くのファンをもつ。Society for Personality Assessment（SPA）のフェロー会員として 2002～2004 年まで会長を務める。2011 年，SPA から優れた業績を残した会員に送られるブルーノ・クロッパー賞が授与された。この原稿は，長年の知己で，おなじく ACTA の設立者の一人でもある訳者の依頼に応じて執筆してくれた。感謝したい。中村伸一）

●エッセイ

セクシュアル・マイノリティへの精神療法における倫理

葛西真記子

　「私はどんなクライエントに対しても差別や偏見を持っていないのでセクシュアル・マイノリティのクライエントにもセラピーができます」とか，「私には当事者の知り合いがいるからセクシュアル・マイノリティのことがわかります」とか，「私はセクシュアル・マイノリティのことはわかっています」と言われるセラピストに会うことがある。これらの言葉は，それだけを聞くとセクシュアル・マイノリティについてよく理解しているセラピストであるような印象をうける。しかし，たとえば，始めの「どんなクライエントにも差別や偏見は持っていないからセクシュアル・マイノリティについてわかっている」というのは，セクシュアル・マイノリティのクライエント特有の問題や課題，困難さ，発達過程などについて全く目をむけておらず，他のマイノリティと同じであるとみなしているということである。また「当事者の知り合いがいるからわかっている」というのは，さまざまなセクシュアル・マイノリティによる違いを無視していることになるし，同じ問題であってもそれぞれの主観は異なり，その影響は異なるという臨床心理学の基本に基づいていない。最後の「わかっています」と言い切ってしまうのは，わかったつもりになっているだけかもしれない。そして，「わかっています」と言いながら，セクシュアル・マイノリティは，「思春期の一過性のものでしょう」「何か異性との間でトラウマを体験したことが理由かもしれません」「父親や母親との関係が影響していると思われます」というように何らかの理由があって，現在の状況があり，それを解決すれば，性的指向が異性愛や性自認がシスジェンダーになるのだと思っているセラピストも多い。確かにクライエン

トの中にはこのような体験の影響を受けて同性に恋愛感情をもったり，自分自身の性別を受入れていなかったりする人もいる。しかし，そのような考え方からスタートしてクライエントに対応するというのはクライエントの主訴を真摯に受け止めていないことになる。

　このような態度は，どれもセクシュアル・マイノリティのクライエントに対して倫理的であるとは言えない。このような発言をするセラピストはおそらく，セクシュアル・マイノリティのクライエントを傷つけようという意思があるわけではないかもしれない。むしろ，とても良心的であり，道徳心のあるセラピストであることもある。しかし，セクシュアル・マイノリティのクライエントに対して倫理的であるためには，適切な知識，スキル，能力を身に着けている必要がある。

　適切な知識，スキル，能力については，具体的には，たとえば，アメリカ心理学会から，性的指向に関するセクシュアル・マイノリティ（LGB）のクライエントに適切に対応するためのガイドライン（APA, 2011）と，性別違和感をもつ（TGNC）クライエントに適切に対応するためのガイドライン（APA, 2015）等が提示されており，セラピストはセクシュアル・マイノリティのクライエントに対応するときはこれらのガイドラインに沿って対応することが倫理的だとされている。

　これらを知ることによって，①セクシュアル・マイノリティのクライエント特有の心理的苦痛や悩みがどのようなものであるのか理解し，対応することができる，②性的指向と性別異和感の違いによりどのような心理的ケアやサポートが必要であるのか理解でき，対応や介入することができる，③セクシュアル・マイノリティのクライエントが経験している差別や偏見を理解し，またそれがどのような心理的影響をもたらすか理解でき，対応することができる，④自分自身の中にあるセクシュアル・マイノリティに対する差別感情や偏見意識にも目を向けることができる。①から③が可能になるためには，セクシュアル・マイノリティに関する研究等にも精通し，適切なセラピストとしての態度の訓練を受けることによって知識，スキル，能力として身についていくだろう。④については，現在の日本は，異性愛中心主義の社会であり，無意識のうちのそのような価値観のもとに物事を考え，判断してしまう

可能性があると意識することが必要である。

　異性愛中心主義（heterocentrism）とは，社会は完全な異性愛者ばかりから成り立っていると想定している考え方であり，同性愛や両性愛の当事者に対するImplicitなバイアスのことである（Pachankis & Goldfried, 2013）。つまり，これに気付くためには，かなり意識して自分自身の中にある，無意識的な価値観や態度について目を向ける訓練をする必要がある。また，同様に性別一致中心主義（ciscentrism）と呼べるものもあるだろう。これは，性別は生まれたときから決まっているものであり，それに違和感を持っている人はいないだろう。男に見える人は身体も心も戸籍も男であり，女に見える人は身体も心も戸籍も女であるということを疑わない考え方である。この考え方を持っていると，目の前のクライエントの性別がわからない時は不安になるだろうし，自分の性別に違和感を持っていると訴えるクライエントにとって，別の性別になることが最善の解決方法であると思ってしまうだろう。このような考え方は，セラピストの言葉や態度に表現され，クライエントの見立て等にも影響を与え，知らず知らずのうちに目の前のクライエントを傷つけたり，倫理的ではない言動をとってしまったりする危険性がある。

　具体的な例を挙げてみると，なんとなく自分の性別に違和感を持っているクライエントに対して別の性別で生きていくことが最も幸せな状態だろうと判断し，無意識のうちに病院へ行ったり，治療をすることが最善であると判断し，それを勧めてしまったりするセラピストがいる。クライエントが自分の性別のどんな側面に違和感を抱いているのかについて一緒に探求していくのが倫理的なセラピストであり，どのような性別の在り方を理想とするのかは，クライエントが決めることであり，男あるいは女になることが最終目標ではない。

　このようにさまざまなセクシュアル・マイノリティについての適切な知識，スキル，能力を持っていないと，セクシュアル・マイノリティのクライエントに倫理的な対応をすることはできないと考えられる。

文　献

American Psychological Association（2011）Practice Guidelines for LGB Clients.
American Psychological Association（2015）Guidelines for Working with Transgender, Gender Nonconforming People.
Pachankis EJ & Goldfried RM（2013）Clinical issues in working with lesbian, gay, and bisexual clients. Psychology of Sexual Orientation and Gender Identity 1（5）；45-58.

●エッセイ

LGBTの子どもたちにとってのエンパワメント

遠藤まめた

　LGBTの若者としてテレビでカミングアウトしたところ，連絡が殺到した。2009年のことである。当時大学生だった私は，LGBT当事者や周りの人らによる学生ネットワーク「レインボー・カレッジ」のメンバーとして，仲間たちとNHK教育の番組に出演した。

　「レインボー・カレッジ」は，LGBTの学生生活を向上させるために勉強会や交流会，就職についてのセミナーなどを実施していた。それは，孤立しがちな学生たちをつなげる受け皿であり，生きるための知恵や情報，エネルギーを共有できるピア・グループでもあった。カミングアウトをめぐる悩みや，家族との不和，友人関係，LGBTに関する映画についてのディスカッションなど，話題はいつも尽きなかった。テレビでは，そんな私たちの日常がとりあげられた。

　「ぼくたちはここにいます」「大変なこともあるけれど，仲間たちと話して，ときに笑ったりケンカしたりしながら過ごしています」というメッセージは映像を通して全国各地の若者に伝わり，それは少なくない人たちにとって「革命的なこと」だったらしい。番組放映最中から，団体へのアクセスは急増し，メールの受信箱が問い合わせで溢れた。自分にも仲間がほしいというLGBT当事者からのメールが鳴り止まなかったのだった。

　「次回の集まりには絶対に行きます」「これまで誰にも言えなくてひとりぼっちだった」

そんなメールを寄せてくる彼らと，ファミレスで待ち合わせる。ミーティングには数十人が集まった。すでにLGBTコミュニティに「デビュー」し，喜怒哀楽を共有してくれる仲間を得て，テレビに出るまでに言葉を獲得していた私たちとは異なり，彼らにとっては今日が「LGBTであることを明かして，誰かと話をする」はじめての記念日そのものだった。緊張しきった彼らは，言葉が出てこない。ようやく盛り上がれた話題は「ポケモン」の話だった。

「おれ，ピカチュウが好きなんだ」

……それだけ。
そうして，仲間たちは，LGBTについてはほとんど話せないままに，また地元へと高速バスで戻っていった。本当は話したいことがたくさんあっても，言葉にすることには勇気がいる。少なくないLGBTにとって，「はじめの一歩」とは，そのような逡巡やためらいと共にある。孤立している仲間ほど，その傾向は強い。

I　たとえ「解決」しなくても

先日，とある大学生と話す機会があった。「ぼくは19歳になるまで，だれにも，自分がゲイだってこと，言わなかった」と彼は言う。だって，19年間「ゲイでいていい」と思える環境がなかったから。だれも「それ」を肯定してくれる人がいなかったから……。彼は19年目にして，はじめて仲間を得た。LGBT団体に所属し，ゲイであることを打ち明けても否定されない環境を手にすることができた彼は，いまでも他人から話をふられない限りは，ゲイである自分のことを話さない。好きなタイプについて尋ねると，顔を真っ赤にする。友だちや家族のことを話すときは苦しくて，言葉につまる。毎日はけしてバラ色ではないし，すべてがうまくいっているわけではない。友だちが差別的態度をすることのつらさに解決方法があるわけでもない。でも，落ち込んだ時には一緒にご飯を食べる仲間が見つかった。

私自身も思い返せば，LGBTであることについての悩み（家族や就職活動，

トランスジェンダーである自分の性別移行について）があり，そのことを誰かに話したい・聞いてもらいたいと思って，20歳の頃に仲間たちと出会った。でも，「場」ができると，案外みんなは「その話」はしなかった。BBQをすればだれが火を起こすのかの話をして，肉が焼けたかどうかを話す。いつも一緒にいるのに，その人がレズビアンなのかバイセクシュアルなのかを詳しく知らないこともあった。ただ，そこでは「否定されない環境がある」ということでほっとしたし，話したいときには聞いてもらえる環境があった。長期的になにが助かったのかといえば，具体的なアドバイスではなく，場の存在であった。たとえ物事は解決しなくても，生きていくことができるという実感をもつことはできる。

II　長期的な視点で

　LGBTであることを自覚する時期は個人差があるが，高校卒業までにはなんらかの自覚を持っていることが多い。子どもたちが，「自分は他のみんなとは違うかもしれない」と気が付いてから，LGBTなどのアイデンティティを形成していくのには，それなりに時間がかかる。「自分はゲイだ」「自分は性同一性障害と言われるモノかもしれない」などと思うようになることを，「自分へのカミングアウト」と呼ぶ人もいる。人生で最初のカミングアウトは自分に対してのものであり，あっさりと「それもいいな」と思える人もいれば，「自分はどう生きていけばよいのか」と途方に暮れる人もいる。その後，当事者たちは仲間やコミュニティにアクセスしようとし，周りへのカミングアウトについて考えるようになる。

　「LGBTなどのアイデンティティの引き受け」と，「周囲との関係性の構築」の両プロセスにおいて，当事者を支援していくにあたり下記のキーワードを念頭に入れておくとよいかもしれない。

　① 「〜でなければならない」へのある程度の共感
　これまで多数派社会の中で，自分の感じる自然体がネガティブなものとして扱われ，あるいは想定されないものとして無化されてきた当事者にとって

は，新しく得たLGBTの情報は，「クモの糸」のように見える。ゲイならみんな体を鍛えるものだ，トランスジェンダーならば就職する前に性別適合手術を済ませないと正社員になれないといった情報（必ずしもこれは正しくない）があれば，それを信じこむ。孤立した当事者が得る情報は，インターネット等による不正確なものであることも多いが，そこまで当事者が追い込まれている背景を共感しつつ，他の情報やコミュニティにどうつないでいくのかが課題である。

②低リスクでできることの作戦をたてる

情報や仲間の少ない当事者が，より安全な形で自分の人生を変えていくためには，なるべく低リスクでできることを模索する必要がある。「全校生徒の前でカミングアウトをする」よりは，クラスや部活の中で信頼できる友人数名をみつけて時間をかけて理解者になってもらうほうが低リスクだし，家族にカミングアウトする際にも作戦を練ったほうがいい。いずれにせよ決めるのは本人ではあるが，どのような行為がより低リスクであるかを一緒に考えるのは非常に役立つ。

どんな当事者であっても，アイデンティティを形成し，周囲との関係をうまく保てるようになるには，時間がかかる。いますぐに変わらなくても，力になれそうなことがなくても，場とつながりがあれば本人は生きていく力を持っている。

その力があることを，本人が信じられるようにするのが，支援者の役割である。

●エッセイ

同性愛に関して知っておきたい歴史上の事実

小原圭司

　アメリカの社会学者コンラッドとシュナイダーは，「有史以来，同性愛行為は宗教上の破戒，つまり罪とされ，中世の終わりには国家統制の対象として犯罪とされ，最終的には現代社会で病気と再定義された」と述べている（Conrad et al, 1992）。実際のところ，残念なことに，同性愛を宗教的な罪として決めつけることによる差別は最近でも見られており，たとえば1990年，東京都立府中青年の家において起きた差別事件では，「動くゲイとレズビアンの会」のメンバーたちが，あるキリスト教系の団体から，聖書を引用して人格を否定するような言葉を投げつけられている（ヴィンセント・他，1997）。しかし，歴史をひもといてみると，同性愛は，決して，有史以来常に「罪」とされてきたわけではない。その例をこれからいくつか挙げてみたい。

I　世界最古の物語『ギルガメシュ叙事詩』は英雄の同性愛をめぐる物語である

　世界最古の神話文学として知られているギルガメシュ叙事詩は，古代メソポタミアの有名な英雄ギルガメシュの物語である（月本，1996）。歴史上のギルガメシュは，シュメル初期王朝時代（前2600年ごろ）に現在のイランにある都市ウルクを支配した実在の王である。物語は，父王と女神ニンスンの間に生まれた王ギルガメシュが，神が作ったライバルである野人エンキドゥと出会い，戦ったのちに親友となり，ともにさまざまな冒険をするが，途中でエンキドゥは死に，ギルガメシュは不死を求めて冥界を旅するという

ものである。この物語の中で，ギルガメシュはエンキドゥと死闘を繰り広げるが決着がつかず，お互いを認め合った二人は「接吻し，友情を結んだ」と述べられている。また，この戦いの前に，ギルガメシュはエンキドゥの夢を見たことを，母である女神ニンスンに報告するのだが，「お前は女を抱くように彼を抱き，愛するであろう」と彼女に予言されている。そして，エンキドゥの死後，ギルガメシュは「昼夜，彼のために私は泣いた」と述べる。このように，世界最古の物語であるギルガメシュ叙事詩は，英雄である主人公の同性愛を中心にした物語であり，古代メソポタミア人が同性愛をほめたたえていたことがわかる。

　英雄と，その同性の友人との，性愛を否定しない形での友愛（出会い，愛と冒険，友人の道半ばでの死）というモチーフは，古代メソポタミア以外の文化でも繰り返し語られている（Halperin, 1990）。

　古代ギリシャでは，トロイア戦争を描いたホメロスの「イリアス」の中で，英雄アキレウスとパトロクロスの友情が語られている（『ホメロス』松平訳, 1992）。アキレウスとパトロクロスは幼い時から一緒に育てられる。二人は共にトロイア戦争に従軍するが，ギリシャ側の大将アガメムノンに名誉を傷つけられたギリシャ第一の勇者アキレウスは戦闘を放棄する。このためギリシャ側は劣勢となり，パトロクロスは思いあまってアキレウスの武具を付けて戦場に向かう。パトロクロスはアキレウスの忠告に反し敵を深追いしたため，敵の大将ヘクトルに討たれてしまう。アキレウスは怒りに燃えてヘクトルを殺し，その遺骸を引きずり回す。その夜，眠っているアキレウスの元にパトロクロスの幽霊が現れ，遺体を火葬するように次のように依頼する。「どうかアキレウスよ，わたしの骨をあなたの骨から離さずに，一緒の場所に納めてもらいたい，父メノイティオスが，幼い私をオポエイスからあなたのお屋敷に連れて来て，われらが同じ屋敷で育ったように」と。アキレウスはそれに答え，「……そなたのいう通りにしよう。さあもっと近くに来てくれ。暫しの間でも抱き合って，心ゆくばかり悲運を歎き合おうではないか」と答える。葬儀の後，アキレウスの元に単身で訪れたヘクトルの父に懇願され，アキレウスはヘクトルの遺骸を引き渡し，物語は終わる。

　また，ユダヤ人の聖典である旧約聖書の中（サムエル記）でも，ダビデと

ヨナタンの友情が美しく描かれている（日本聖書協会，1987）。イスラエルの王サウルとその息子ヨナタンの元に，敵ペリシテ人の勇者を殺した美しい少年ダビデが現れる。すると「ヨナタンの魂はダビデの魂に結びつき，ヨナタンは自分自身のようにダビデを愛した」。その後，民衆の人気を得たダビデを疎んじたサウルはダビデを殺そうとする。野原に隠れたダビデをヨナタンは訪ね，「彼らは互いに口づけし，共に泣いた」。その後，サウルとヨナタンはペリシテ人との戦争で死亡し，ダビデはその死を悼む悲しみの歌を歌う。

「あなたを思ってわたしは悲しむ　兄弟ヨナタンよ，まことのよろこび女の愛にまさる驚くべきあなたの愛を」。

II　聖書の中で同性愛を断罪しているように見える部分は，実はそうではない

聖書の中で一見同性愛を断罪しているように見える部分が，原語のテキストに戻り，当時の歴史的文脈に置くことで，実はそうではないことが近年示されてきている。

旧約聖書レビ記（20章）の中に，「女と寝るように男と寝る者は，両者共にいとうべきことをしたのであり，必ず死刑に処せられる。彼らの行為は死罪に当たる」とある（日本聖書協会，1987）。しかし，同じ章で同列に死をもって禁止されていることの中には，不倫，月経中の女性との性行為，占いをすることが含まれている。また，レビ記の別の章で禁止されていることの中には，鱗のない海産物（イカ，エビ，貝など）を食べること，もみあげをそり落とすこと，占い師のもとに行くこと，二種の糸で織った衣服を身に着けることなどが含まれている。こういったことを自らすべて完璧に守ることなく，同性愛に関することについてのみ声高に遵守をせまる人がいるとしたら，ダブルスタンダードを責められても当然であろう。さらに，神学者の山口里子は，このテキストをヘブライ語原典にまで戻って分析し，「この禁令はイスラエルの土地を所有する家父長男性が，同性の男性と，相手が『被征服・従属・下位・受容』という役割を担う性交をする場合についてのものである。した

がって，今日の男性同性愛者が『平等で相互的関係』で性交を行う限り，このテキストを根拠にして『聖書によれば同性愛は罪』ということはできない」と明言している（山口，2008）。

III　キリスト教の教会は同性間の結びつきを祝福する儀式を中世に行っていた

　エール大学の歴史学教授であったボズウェルによると，中世のヨーロッパで，教会が同性間の結びつきを祝福する儀式を行っていたことを示す文書がさまざまなところで（バチカンの図書館からも）見つかっているという（Boswell, 1994）。この結びつきは血をわけた兄弟よりも深く，終生続くものであった。この儀式に際しては，同性間の結婚の際に唱えられるものと同様の文言が唱えられ，教会の祭壇で，司祭が右手と右手をつないだ二人を十字架を用いて祝福し，儀式の後，友人や家族を交えた祝宴が催されたという。

　いかがだっただろうか。歴史上常に同性愛が罪とされてきたわけではないことが見て取れたかと思う。残念なことに，十字軍の始まりとともに，同性愛は十字軍が敵としたイスラムの文化と同一視されたためか，教会においても世俗法においても徐々に迫害を受けるようになっていった（Boswell, 1990）が，それ以前には決してそうではなかったことは，忘れるべきではないと考える。

文　献

Boswell J（1990）Christianity, Social Tolerance, and Homosexuality. Chicago, The University of Chicago Press.（大越愛子・下田立行訳（1990）キリスト教と同性愛—1〜14世紀西洋のゲイピープル．国文社）
Boswell J（1994）Same-Sex Unions in Premodern Europe. New York, Villard Books.
Conrad P, Schneider JW（1992）Deviance and Medicalization. Philadelphia, Temple University Press.（進藤雄三監訳（2003）逸脱と医療化．ミネルヴァ書房）
Halperin DM（1990）One Hundred Years of Homosexuality and Other Essays on Greek Love. New York, Routledge.（石塚浩司訳（1995）同性愛の百年間—ギリシア的愛について．法政大学出版局）

ホメロス（松平千秋訳（1992）イリアス（上・下）．岩波書店）
キース・ヴィンセント・風間孝・河口和也（1997）ゲイスタディーズ．青土社．
日本聖書協会（1987）新共同訳　聖書．日本聖書協会．
月本昭男訳（1996）ギルガメシュ叙事詩．岩波書店．
山口里子（2008）虹は私たちの間に．新教出版社．

●エッセイ

セクシュアル・マイノリティへの私の理解と支援

山中康裕

I

　私は，男性である。しかし，なぜか，ずっと以前から「一度でいいから女性になりたいものだ」と思っていた。このことを私と一緒に住んでいる約1名の女性である妻に言うと，「貴方って変な人ね。何を好んで，女になりたいなんて思うの？　ちっともいいことなんか無いのに」とのたまう。「……毎月の生理だって大変だし，妊娠も出産も，それはそれで大変な重労働ばかりだし，だいいち，毎日の家事が大変なのに」とも。

　しかし，私は，大好きな小説やら映画やらで，女性のことを読んだり見たりすると，その女主人公にアイデンティファイする癖がある。すると，生涯一遍でいいから，自分自身が，女性の立場から世界を見，体験してみたい，とますます思うのである。

II

　だからと言って，よくあるような，口紅をつけたり化粧をしたりしてtransvestitismつまり，異性のパンティやランジェリーを履いてみたり着けたりとかの，いわゆる異性装といった試みをしたことは一度もない。元来，「真似事」などは厭なのだ。「本モノ」になってみたいのだ。だから，生物学的なintersexではなく，生物学的な男なり女なりが，そのcountersexにな

りたいと思っている人が性転換手術をすら受けるというのは理解できる。しかし，私がそうしたい，というのとはまったく違う。

III

たとえば織田信長は，明らかに森蘭丸と男色に耽っていたらしいことはつとに有名だし，歴史上，空海から始まって，後醍醐天皇，足利尊氏，徳川家光，芭蕉，西郷隆盛……と，衆道に励んでいたといわれた人々の名をよく聞くし，現代では，三島由紀夫は丸山明宏に迫ったが，これは実現しなかったらしい，とも。しかし，私には，そのような「気(ケ)」は毛頭ない。そうではなくて，自分が女になって抱かれてみたい，と真剣に思っているのである。そういうことが異常であるかないかが問題なのではない。私の場合は，人間として生まれてきて，人間が体験すること，すべてを体験してみたいという，途方もない願望の一つに過ぎないのだ。

IV

だからというわけではないが，私は，あらゆる性の，あらゆる組み合わせや，いろいろな形態がありうると思っているし，また，それらが，別段異常とも，問題だとも思わないからか，気軽にいろいろな相談にのってきた。過去には，女性同士で結婚しているカップルもあったし，男性同士のそれももちろんである。この頃は，それほど，そうしたことを隠すことも段々となくなってきたのであるが，以前は，そうした話に入る前に，実にいろいろな前段階があった。つまり，私が本当にそうした話に驚かず，また，真剣に，相談に乗ってくれるか否かが，まず確かめられる必要があったのであろう。

V

私が，最も憧れ，尊敬する3人の人を挙げるとすれば，放射能の研究で，1903年のノーベル物理学賞および，1911年のノーベル化学賞を受賞して，

パリ大学初の女性教授となった，ポーランドのマリア・スクウォドフスカ＝キュリー（Maria Skłodowska-Curie, 1867. 11. 7–1934. 7. 4）夫人，そして，哲学書（マルクス・アウレリウス皇帝の『自省録』など）・文学書の翻訳やエッセイ（『生きがいについて』など）の著者としても知られ，「戦時中の東大病院精神科を支えた3人の医師の内の一人」「戦後にGHQと文部省の折衝を一手に引き受けていた」「美智子皇后の相談役」などの逸話でも知られる，文部大臣・前田多門の娘，フランス文学者・前田陽一の妹，日本の精神科医・神谷美恵子（1914（大正3年）. 1. 12–1979（昭和54年）. 10. 22）先生，および，アメリカ合衆国の飛行家 Charls Lindbergh の妻，アン・モロウ・リンドバーグ（Anne Morrow Lindbergh, 1906. 6. 22–2001. 2. 7）夫人（『海からの贈り物（"Gift from the Sea"）』の著者）の3人である。歴史的にあげれば，以前にもどこかで書いたように，私の尊敬する3人は，聖徳太子，芭蕉，漱石の3人の男性であるが，現代人は，なんと，3人とも，女性なのだ。このことでも知られるように，私が最も憧れる人は，みな女性なのである。

VI

　思春期の女子や，成人女性が，男性になりたい，というケースはよくある。特に活発で男性的な女の子や，優等生のはきはきした女の子に多い印象がある。男女共同参画が持て囃されるようになって久しいのに，依然そういう傾向が高いのは，この国が男性優位だからである。しかし，男性が女性になりたい，というのは，あまり多くない。おかまバーなど，ある種の職種では，そういう人たちに巡り合うことがあるし，それが「売り」の，ある特殊な環境では，目立つのだが。私のは，そういうのとは違う。でも，私みたいな例は珍しいらしい。カミさんなど，私があまりに頻回に言うので，もう呆れられているのだが……。

　ここまで書いて，出版社に送ったのだったが，ちょうどゲラとなって戻ってきたとき，カミさんが「何を書いたの？」と言うのでこれを見せたら，「人生のどの時期の女性か？」でまったく異なるのよ。あなたはどうなの？」ときた。「いや，人生で1回でいいので……」と言うと，「そんなん，おかしい。

あなたは高校生から25歳くらいの女に憧れているのね!」と。

■座談会

セクシュアル・マイノリティ（LGBT）への心理支援

葛西真記子・長野　香・林　直樹・平田俊明・中村伸一［司会］

■ LGBT 支援とのかかわりを含めた自己紹介

中村　本日はお集まりいただき，ありがとうございました。2016年に刊行した「精神療法」という雑誌の「セクシュアル・マイノリティ（LGBT）への理解と支援」という特集が，好評で品切れになったということで，これを本にしましょうと金剛出版の方から持ちかけられまして，僕もぜひと思って，これは平田さんと僕との編集になっているので，二人の音頭取りでやろうと思ったんですけれども，この雑誌の特集にプラス3編を加えて，さらにセクシュアル・マイノリティに関する座談会をやろうということになりました。それで，今日はお忙しい中お集まりいただきました。司会の中村心理療法研究室の中村です。よろしくお願いします。

　お集まりいただいているのは，平田さんと林さんと，それから長野さんと遠路はるばるお越しいただいた葛西さんです。

　まず司会からセクシュアル・マイノリティの人とのかかわりについて話しますと，セクシュアル・マイノリティの方のクライアントやセラピストたちと出会ったっていうことがあります。もう一つ，アメリカの家族療法学会でセクシュアル・マイノリティのグループがあることを知って，インパクトがあったっていうことも出会いのきっかけではあります。それと僕個人の体験として，もう40年前ですかね，地方の病院で働いていたときに，いかにもしぐさが女性的な脳梅毒の男性患者さんがいたんですよ。彼

は性自認としては男性なんだけれど,梅毒に感染した理由というのが,兵役で軍にいたときに性行為をされて感染した。可哀そうではあるけれど,そのときの僕は偏見が強かったので気持ち悪い人なんだなって思ったんです。40年前ですけど,病棟の看護師とか特に男性の看護師なんかは,ちょっと邪険な扱いをしちゃって,その方は亡くなられたんだけれど,僕もあんまり親身にケアできなかったんですよね。考えてみたら兵役で寮かなにかで,たぶん彼は性行為を強要されていたんだと思うんだけど,だから今考えるととんでもなく不幸な人なんですよね。終いには梅毒までもらっちゃって,そんなに重篤な脳梅毒じゃなかったんだけれど,かわいそうだったんだけど,人間として尊重しながら治療できなかったっていうのが,すごく僕は悪かったというか良心の呵責が強くあります。そういう深い反省と臨床家としての罪悪感があって,そのこともマイノリティの方の支援のきっかけになっています。

　僕が今どういうことをやっているかと言うと精神科医ではあるけれども,カウンセリングを標榜して30年以上やっています。専門がカップルセラピーとかファミリーセラピーとかで,もちろん個人療法もやったり,心理テストをやったりしています。そのオフィスは,保険診療じゃないので皆さん話し込める時間をとっているので,いろいろな話を聞くことができるんですけれども,その中でもLGBTQの人たちが訪れることも,ままあるわけですよね。林さんとは長いお付き合いなので,林さんのスーパービジョンという形ではあるんですが,そういう方たちとのカウンセリングをどういうふうにもったらいいのかを,実は僕が教えてもらっているんですよ。そういうセクシュアル・マイノリティのクライアントのことを,林さんの臨床経験から盗み聞いて自分に活かすという,そういうちょっとずるいことをやっているわけですが,「精神療法」49巻6号の「患者から学ぶ」というコーナーで樋之口潤一郎先生が「性的マイノリティの患者さんの精神療法を通じて学んだこと」として書いていますけれども,同じように性的マイノリティの患者さんの精神療法を通じて,僕も学ぶ立場なわけです。

　それで,今回の座談会をどういうふうにしましょうかっていう話になったときに,平田さんと葛西さんと林さんは執筆者ではありますけれども,長

野さんは執筆者ではなくて NPO でそういう活動を長らくやっていらっしゃるということで，林さんに紹介してもらい，今日は足を運んでいただきました。僕の自己紹介はこれぐらいにして，一人ずつ自己紹介をしていただければと思います。平田さんからよろしくお願いします。

平田　平田です，よろしくお願いします。普通に自己紹介をする前に，中村さんが話してくださった 40 年前の脳梅毒の患者さんの話が，聞いている私にもインパクトがあったので，その流れで話をしようと思います。40 年前を思い返すと，私も同様に，同性愛に対する偏見をかなり強く持っていました。40 年前の私は高校生で，かつ，ゲイの当事者だったので，内在化された偏見，というよりは，「内在化されたスティグマ」という言葉を使っていこうと思いますが，内在化されたスティグマに苦しめられていました。40 年ぐらい前の日本では，あるいは日本にかぎらないでしょうが，同性愛者などセクシュアル・マイノリティに対する誤った認識がまかりとおっていましたよね。高校生だった私は心理学の本を図書室で読んで，同性愛が「性倒錯」「異常性欲」と分類されているのを目にして，かなり自尊感情を低めていました。40 年ぐらい前は，誤った言説を鵜呑みにしている人が，支援者にしても当事者にしても一般の人々でも，とても多かったですよね。その状況が変わる必要性を強く感じたことが，私が援助職に就いた一つの理由になっています。

　令和の今の時代は，LGBT という言葉が一般の人々にも浸透し，LGBT を取り巻く状況は 40 年前よりも改善していると言えると思いますが，依然，解消すべき問題としてどのような事柄があるのかというような話を，今日はすることになるのかなと思っています。

　で，自己紹介ですが，私は東洋大学の保健管理室で精神科の校医をやりつつ，埼玉県の郊外に自分のカウンセリングルームを持っていてそこで心理療法を行っています。私も中村さんと同じく精神科医だけれども（笑）心理療法をメインにやってきています。それは私が心理学科を卒業してから医学部に入り直したということもありますし，臨床家として LGBT への心理支援にかかわろうとしていたから，ということもあります。私が医学部の学生だった頃，1990 年代半ばの話ですが，当時はまだあった「ゲ

イ雑誌」の投稿欄に、「ゲイの人たちへの支援に関心のある対人援助職のネットワークをつくりましょう」という呼びかけ文を載せたことが、私が支援にかかわることになった始まりです。私は20歳のときに自分がゲイであることをはっきりと認めるに至ったのですが、そのとき私はアメリカの大学に留学中だったんですね。アメリカではLGBTに関するリソースも見つかりやすかったのですが、日本に帰ってきたあと、LGBTに関する社会的なリソースがとても限られていると思いました。帰国した当初、私は臨床心理士になろうと思っていたのですが、対人援助職の間でも、LGBTに対する認知度がとても低いと思いました。

中村 雑誌は、今はないんですか？

平田 ないですね。今はやはりネットを通じてつながることがメインになっていると思います。当時ゲイ雑誌に投稿した私の文面をみて集まってきた人たちで、AGP（Association of Gay Professionals）という名称の、LGBの支援を目的とする団体をつくりました。立ち上げた当初はLGBだけでしたが、その後トランスジェンダーも含めるようになり、今はLGBTの支援を行っています。そこで電話相談を始めたのが最初ですね。この団体は今でも続いていて、林さんは立ち上げ当初からいるメンバーです。私が医学部を卒業して精神科医になったあとは、LGBTに関する研修会をあちこちでやったり、学会で自主シンポジウムを開いたりしつつ、当事者への診療を行ったり、自分がカウンセリングルームを持つようになってからは、当事者とのカウンセリングを行うようになりました。

　あと、ここまでの話でもう感じていることですが、この座談会では、言葉の使い方は各々自由に使っていくっていうことでいいですよね。当事者を言い表す言葉として、「セクシュアル・マイノリティ」「性的マイノリティ」「LGBT」「LGBTQ＋」「LGBTIQ ＋」などいろいろな呼称がありますけど、文脈によってどの言葉を使うのがいいのかも変わってきますし、どの言葉を使うかは各自にまかせるっていうことでいいですよね。

中村 いいと思います。ありがとうございます。お隣の林さん、お願いします。

林 林です。精神科の医者です。「けれども」は、つかないですが（笑）、どっぷりと精神科の医者を30年以上やっている感じです。地方の大学を出て4,

5年ぐらい地元にいたんだけれど，ゲイとして生活するにはやっぱり地方の田舎というのは窮屈だなと思って，東京に出て来ました。

中村 そういう理由なんですか。

林 一番はそうですね。チャンスがあったのでこっちに出て来て，間もなく平田さんと知り合いました。まさに当時のゲイ雑誌の文通欄の小さな記事で見つけて，細い糸を手繰り寄せるようにして。そうしてさっき話に出たAGPの活動に参加しました。当時平田さんは自分の千葉のアパートに電話1本ひいて，一人でずっと電話相談をやっていた（笑）。毎週一人でやっているけれど，それはあまりに可哀そうだろうっていうので，みんなで手分けして手伝おうっていう感じになりました（笑）。

平田 なんともありがたい（笑）。

林 それで始まったのが今につながる電話相談で，まだやっていますけど30年くらいたちます。私も東京に来て同じような医師や心理，あるいは福祉にかかわる人と知り合いたいと思っていましたから，いいチャンスだと思って入ったんです。かといって，それ以上何をするっていう感じでもなかったんですが，いろいろな流れで2007年から「しらかば診療所」というのを私と平田さんもかかわって始めたんです。もともとはHIVを含めた感染症を診ている友人の内科の医師が院長になって，今は薬も進歩してHIVの人で働いている人も多いですから，夜間だとか休日だとかにその人たちを診ていけるような診療所を作ろうとなったんです。その内科の友人は，海外での経験もあったので，その辺のビジョンとか意欲などとってもあって立ち上げ，精神科はそれにくっつくような感じで，こっちも引っ張られるような感じで始めたという感じだったかなと思います。

平田 そうですね。この診療所を立ち上げたのも大きなことだったですよね。

林 精神科の外来をそこでもって，2007年だからもう十何年たっちゃったんです。だから元々勤務している病院ももう30年以上で，私は始めるとけっこう同じことをずっと続ける傾向の強い人で，今も両方に行っています。診療所ではゲイの人が大半で，つまりLGBTでいうとLGBの人が多く，Tつまりトランスジェンダーの人はあまり来ないんですが，ときどき来ます。面白いのが，トランスの人でもそれを一番専門に扱っているとこ

ろには行かないで、ちょっと自分がよくわからないから、あんまり専門じゃない、少しはずれたところでやっているようなところで見てもらおうなんて人だとか、あるいはまだ性自認が定まらないような若い子を、親がむしろこっちに連れてきたりするんですよね。そういう子を診たりしています。今は診療所で診て入院が必要な患者だったら勤務している病院に入院させたりだとか、入院させたらそっちの病院の方で続けてみたりとか、多少入りくんでいて、どっちがどっちとわからなくなっちゃうようなところもありますけども、私が使える場で診ているという感じです。セクシュアル・マイノリティを診ることは、決して自分の中のメインの仕事にはならないんだけれども、連綿と診てきたところがあります。

中村 長野さんお願いします。

長野 長野と言います。私は心理なんですけど、「けれども」はないです（笑）。私は横浜にある NPO 法人の SHIP[注1] というところで、カウンセリングとか、LGBTQ の当事者や家族のグループのスタッフをしています。SHIP が 2007 年にできて 17 年経つんですけれども、開設時からかかわっていて、同じくらいの期間、教育領域の心理職としても働いていて、その二つをずっと続けているという形です。

　SHIP につながるまでの話というのは、平田さんと林さんが立ち上げた AGP に、私も大学院生のときから入っていたんです。私自身もレズビアンで、ある本の中にその AGP の記事が載っていたんですよ。『クィア・スタディーズ '97』[注2] に収録されている「ゲイ・カウンセリングの実践と理論」という、平田さんの書いた記事でした。それをまだ学部生のときに見ました。

　その本に同性愛の支援に関心のある心理とか、精神科医のグループのことが書いてあって、そういうことに取り組んでいる人たちがいるんだ、入

注1) 特定非営利活動法人 SHIP は、LGBTQ ＋や家族の支援団体として、2007 年 9 月より活動を行っている。神奈川県横浜市にあるコミュニティセンター「SHIP にじいろキャビン」など、LGBTQ+ や家族が集い、交流できるコミュニティスペースの運営や、交流イベントを開催している。また、電話相談や対面相談などの相談事業や、周囲の理解を広めるために学校・行政などにおける講演や啓発資材の作成も行っている。（https://ship.or.jp/）

注2) クィア・スタディーズ編集委員会編、七つ森書館、1997.

りたいなと思ったけれど，大学院生以上じゃないと入れないって書いてあって，大学院に入れたらグループに入ろうと思って，そういう経緯があったんです。それで AGP の集まりに行ったら，LGBT 支援に関心のある人とか，当事者の人でかつメンタルヘルスの専門職の，自分にとってロールモデルになる人が沢山いて，SHIP ができたときは大学院を出てすぐだったので，仕事自体もどうやっていいかわからないし，心理ではない他の職種のスタッフと SHIP を作っていくうえで，どういう枠組みを作ったらいいのかとか，グループをやるとしたらどういうルールが必要かとか，そういう部分で相談してアドバイスをもらった経緯があります。気づけば 17 年（笑）。しらかば診療所とおなじ年なんです。

中村　立ち上げられたのも，長野さんなんですね？

長野　立ち上げたのは団体の代表ですが，立ち上げのときに私もメンバーに入っていました。

中村　大学院出てすぐですか。

長野　大学院出てすぐです。

中村　凄いですね。この AGP を立ち上げたっていうのは，平田さんなんですか。

平田　自分が立ち上げました。しかし今はもう所属していないという不思議な状況になっています（笑）。

林　立ち上げては，いなくなる，立ち上げてはいなくなるの繰り返しなんです（笑）。残された人たちは，辞められなくて仕方がないからやっていくという（笑）。

中村　立ち上げてはいなくなる，行動パターンは変わらないんですね（笑）。
　　　最後に，遠いところありがとうございます。葛西さん，よろしくお願いします。

葛西　私は精神科医ではなく心理です。もともとアメリカに行く前から同性愛にはずっと興味があったんですが，それを学ぶ機会もなく過ごしていて大学院に入ってアメリカに行ったんです。アメリカに行って大学院に入ると，アメリカのカウンセラーになる資格には，必ずセクシュアル・マイノリティについて知らなきゃいけないし，実践も何時間以上ちゃんとクライ

アントさんをみて，スーパービジョンもしてもらっているというのがないと，インターンシップにも行けないんですね。そのとき，博士課程の学生が12人いたんですけど，そのうち4人か5人はゲイの方，レズビアンの方，バイセクシュアルの方みたいな感じで，心理は凄くオープンだったし，受け入れもよく過ごして，1990年代の終わりに日本に帰ってきたんです。日本はそのとき何もなくて，ある雑誌に同性愛について書いたんです。それに対して匿名の査読で，「こういう研究はしない方がいいですよ」って書いてあって，「えー，どうしよう」ってそのときは思ったんですけど，学生さんたちには，私はこういうことをやりたいですみたいな話をほそぼそとしていたら，あるとき入学してきた一人の学生さんが，「わたし，それ一緒にやりたいです」って言ってくれたんです。そこから「SAG（サグ）徳島」っていう徳島県内の団体を立ち上げ，研究も「心理臨床学研究」に掲載してもらったりしたんです。おそらくそこから平田さんとかみなさんとつながって，九州大学であった学会の自主シンポに初めて私も参加させてもらったりしました。

　今は主に小中高大などで，先生や保護者それから児童生徒学生もなんですけれど，その方々を対象に，いろいろなところで研修をしています。中には，セクシュアル・マイノリティについて全然知らない人たちもいます。あとは個人カウンセリングとグループカウンセリングをやっています。電話相談をやったり，グループカウンセリングは，当事者のグループをやったり，SHIPと同じように家族のグループや支援者のグループをやっています。地方だからかわからないですけれど電話相談はあまりないんです。他に，SAG徳島というのは地域の団体なんで，交流会をやったり，出会いの場みたいなのをやったり，文化祭とかバーベキューとかいろいろやっています。最初2011年にやったときは参加者5人ほどだったんですが，2019年には55人から60人参加するぐらいになって，だんだん増えています。だから，地方での見方とか地方での難しさとかはすごく感じます。地方ではこのような活動があまりないから，新聞とかテレビとかは取り上げてくれますけど，やっぱり家族の中とか，おじいちゃん，おばあちゃんには言えないとか，都会に行けば自分らしくいられるけれど，戻ってくる

ときはパートナーのことは言えないし，トランスの人は服装を変えてこなきゃいけないみたいなこととか，そういう相談もあります。やっぱり都会とは違うなーと，つくづく感じたりします。

中村　アメリカに行ってみたら，けっこうセクシュアル・マイノリティを識ることが必須だったんですか？

葛西　臨床系は必須だし，心理，芸術，ジャーナリズムとか文学部とかは，けっこうオープンでしたけれど，法学部，経済学部，医学部は，カミングアウトできない雰囲気でした。医学部はそのときはまだエイズのこととかあって，「自分が」とは言えない。法・経はやっぱり，政治の男社会みたいなところがあるのか，そっちではカミングアウトできないって雰囲気がありましたね。1990年代終わりの頃なので，だいぶ今は変わってきているとは思いますけど。

中村　今のお話を聞いていて思い出したんだけれど，僕はファミリーセラピーをやっているんですが，1960年代だったと思うんですが，セラピストの力添えを得て，息子がゲイであるって家族の中でカミングアウトするというセッションのビデオがあるんですよね。白黒でザーッて雨が降っているような画面。それを見て，アメリカっていうのはそういうサポートもするんだ，すごいなって思いましたが，そのビデオを急に思い出しました。日本のファミリーセラピストは，しないってわけじゃないだろうけれど，そういうサポートをするセラピストはあまり日本にはいないと思うんです。僕はまれながらやることがあるんですけれど，どうしても家族の中でも生きづらいし，お父さんやお母さんも，どんな反応するかなって言って，ゲイの息子さんは怖がっていたりする。そういう意味で臨床の中には，実はたくさん隠れているというか，潜在していると思うんですよね。だから，そういうことを話せるセラピストに出会うっていうのが，とても大事だと思うんですね。匂いか勘かわからないけれど，「この先生にはしゃべれないな」とか「この先生だったら言えるな」っていう直観は，マイノリティの方たちってみんな持つんだと思うんですよ。仲間がいればまずそっちにアクセスするけれど，自分がこういうことで悩んでますというのを語れるセラピストに出会うっていうのは，なかなか難しいのかもしれないで

すね。そういう意味で「精神療法」という雑誌でセクシュアル・マイノリティを取りあげたっていうのは，セラピストをある意味で啓発するっていうのかな，そういう意味合いもあったと思いますね。

■歴史の中で「セクシュアル・マイノリティ」はどう捉えられてきたか

中村　平田さんが「日本における『同性愛』のstigmatizationの歴史」で書いてくれたけれど，今で言う「セクシュアル・マイノリティ」に相当する人々は昔からいたと思うんだけれど，日本の昭和初期ぐらいの時代は，みんなひっそり生きていたんですかね。「なんでうちの娘は結婚しないんだろう」とか「うちの息子は結婚したけど，なんで子どもできないんだろう」とか。

平田　日本の昭和初期という時代にフォーカスするなら，当事者が自分の性的指向やジェンダー・アイデンティティにもとづいたライフスタイルを選択することは，今よりもずっとずっと困難だったと思います。「ある程度の年齢になったら異性と結婚するのが当たり前」という考え方が，今よりもずっと強かった時代ですよね。

中村　結婚へのプレッシャーを強く感じることは，辛かったでしょうね。

平田　異性と結婚しつつ，「本来の自分を抑圧している」という感覚を抱きながら生活していた当事者も，少なからずいたのではないでしょうか。

中村　子どもを産むために嫁ぐわけだから，そういう性的なことも受け入れざるを得なくって，子どもが生まれたら育て，家長と性的なニュアンスのある接触とかほとんどない。なにか種付け馬みたいなポジションだとか，男の子を産めばいいんだとか，そういう中で一緒に過ごすのは辛かったでしょうね。

平田　さらに時代をさかのぼると，状況はまた違ってきますよね。「同性愛」という日本語が生み出されたのは大正時代ですが，それより以前の日本では，性愛を伴う男性同士の関係性を表す言葉として，「男色」がありましたよね。

葛西　ある本で読んだんですけど，鉄砲伝来の1543年頃にポルトガルの宣教師が日本に来たときに，同性愛的な性行為もするし，性愛的なこともす

るので，宣教師がそれは良くないと言っても誰も言うことを聞かないって，ポルトガルに手紙を書いたとありました。だからその当時はけっこう自由だった。

平田 日本には男色と呼ばれるものが長年存在していたという事実も，本当は，普通に，もっと認識されていていいことなんじゃないかと私は思います。「同性愛」という言葉の指し示すものと「男色」という言葉の指し示すものは，イコールではないという点に留意しておく必要はありますが。あと，男色という言葉を使うとき，その当時の女性同士の関係性はどうだったんだろうと，よく思います。

中村 だけど日本人って面白いですよね，性に関しての開放的な部分があって，カソリックとかは厳しいですもんね。キリスト教は性に関する考え方が厳しいですよね。

平田 きっちり調べているわけではないので大ざっぱな言い方になりますが，キリスト教的価値観をバックボーンに持っている，いわゆる「西洋文明」が入り込んできて「近代化」される以前の，いろいろな地域の文化において，「土着の文化」という表現を使うならば，その地域に古くからあった土着の文化においては，性に対する姿勢はおおむねおおらかで，特定のセクシュアリティのありようや特定のジェンダー表現に対してスティグマを付すことは，比較的少なかったんじゃないでしょうか。日本でも，それ以外の地域でも。

■日本における法整備

中村 ちょっと堅苦しい話で恐縮なんですが，アメリカの話も出てきたのですが，日本でそういう法整備とか運動がメジャーになってきて，僕の知るところでもいくつかニュースになってますよね。札幌の高裁でしたっけ同性婚の訴訟とか，東京だと世田谷区と渋谷区が同性カップルを公認していますよね。そのへん僕，林さんからいろいろ聞いて知っていて，セクシュアルを取っちゃいますけど，実際日本でマイノリティと言われる人たちをサポートしようじゃないかっていう法整備の部分がどういうふうに始ま

り，そして進んできたのか，どなたか口火を切ってお話しいただければありがたいなと思いますけど。平田さんかな（笑）。

平田 歴史のどの時点から話を始めるのがよいか迷いますが，1997年に日本精神神経学会が「性同一性障害に関する診断と治療のガイドライン」を出したことによって，当時「性同一性障害」と呼ばれていたものの社会的認知度が，それまでと比べると大幅に高まったことは大きな出来事でしたよね。

林 ガイドラインができて，手術が始まって，2003年の「性同一性障害者の性別の取り扱いの特例に関する法律（特例法）」で5つの要件を充たせば戸籍の性別は変えられるという法律が決まった。しかし手術要件だとか子どもがない条件が，足枷になったんですけれど。

葛西 それができたから手術される方も増えてきていて，「やっぱり戸籍も変えなきゃ」ってなって，でも病院数が少なくて，それでもみなさん手術しなきゃっていうのが大きくて海外に行かれる方とか多いです。でも手術できない方とか，手術はちょっと痛いし怖いしっていう人もいるし，お金もかかる。2018年に手術だけ保険適用になりましたけど，ホルモン治療をしていると，適用にならないので，最初は保険適用できた人は3人くらいだったと聞きましたけど。

林 今でも少ないですよね。自費でホルモン治療していたら混合診療になるから，保険診療はできないんです。ホルモン治療を認めさせるように，GID学会[注3]や精神神経学会の委員会もずいぶん厚生労働省に言っているんだけれど，ホルモンを保険適用するためには，ホルモンをそのために使うという治験がいるとずっと言っているんですね。でも製薬会社もいまさらお金を使って治験をやる余裕はないから，やらない。

中村 もう待ちきれないっていうか，じれちゃって海外に飛んで，特に東南アジアに行って手術して帰ってくるっていうことがあって，その仲介業者みたいなのにけっこう悪質なのがあるって，この前テレビでやっていたような気がするなー。確かに，危ないですよね。安全で正確にやってくれるっ

注3）2024年より日本GI（性別不合）学会に変更した。

ていうことでは国内でって思うだろうけど，ハードルが非常に高かったでしょう。いくら18年に保険適用になったとしても，手術してくれるところとか，ホルモンの問題もあるし。実際にそれで適用を受けてやれる人って，一人か二人ぐらいになっちゃって，現実的じゃないしね。

葛西　うちは近いのが岡山大学なので，岡山大学で手術を受けたいという人がいるんですけれど，決められた水曜日に電話をして予約を取らなきゃいけないんですが，全然つながらないらしく，しかも半年先ぐらいまで一杯らしくて，だからもう待ちきれないって言ってました。

平田　2023年10月には，最高裁が，「特例法」の，生殖能力をなくす手術を受ける必要があるという要件は違憲であるという判決を出しましたよね。
　ここ4～5年の間にも，いろいろな動きがありますよね。2019年には同性婚の合憲性を問う集団訴訟が行われたり，2023年6月には「LGBT理解増進法」という法律が施行されましたよね。

■教育現場の現状と課題

林　学校の話もした方がいいのでは。

葛西　2010年に「児童生徒が抱える問題に対しての教育相談の徹底について」という通知の中に，性同一性障害に係る児童生徒については，その心情等に十分配慮した対応を要請をというのが入りました。なので，その頃は講演に呼ばれると性同一性障害の話だけしてくださいって言われて，それで2015年に性同一性障害だけじゃなくて，性的指向もっていうのが通達に入りました。

長野　2022年でしたっけ，2021年でしたっけ，「生徒指導提要」の中に入ったのが，たぶん大きいです。

葛西　2022年12月です。

長野　個別の通知だけでなく，「生徒指導提要」という，生徒指導全般のガイドブックみたいなものの中に性的マイノリティへの理解と対応というのが入ったんです。

葛西　性に関する章があって，そこに性教育とかも含めてマイノリティのこ

とも入りました。

中村 それは文科省から？

長野 文科省からです。

中村 それが何年でしたっけ。

葛西 2022年12月です。

中村 ごく最近ですね。

葛西 次は「学習指導要領」に入るんじゃないかってね。

長野 改訂に入ってほしいですね。

平田 現場レベルに落とし込みやすくなっていくといいですね。

葛西 文科省も何かしなきゃなっていうのは，感じているんでしょうね。

林 制度とか法律だとかお達しが，上からくるとガラッと変わるもんなんですか。

葛西 そうですね。学校は教育委員会がまず動き出し，それが学校に降りていくので。

　努力義務ですけれど今度「LGBT理解増進法案」に，一応学校教育の中でも，啓発しましょうって書いてあるんですよね。どれくらいそれに皆さん従うかどうかはわかりませんけれど，学校ももっとやらなきゃなってなるんじゃないかとは思うんです。

中村 今のところ努力義務で，たとえば保健体育の教科書に一章あるとか，そういうわけじゃないですよね。

葛西 はい。けっこう教科書に入ってきてはいますけどね。

中村 入ってきてはいるんですか？

葛西 高校，中学，小学って，少しずつですが。

中村 教科書にあると自分のことが書いてあるなってことで，マイノリティの人たちがずいぶん安心しますよね。あるいは，そういう問題で今迷っている中学生くらいの子は，「僕だけじゃないんだ，わたしだけじゃないんだ」って思えるから，教科書にもし載っていればすごくいいと思う。それで，そういう迷いがあれば養護教員さんでもいいし，スクールカウンセラーでもいいし，相談に行ってみましょうみたいにすればいいと思うんです。でも，相談に乗る方が，まだまだ相談に乗れるだけのカウンセリングの教

育を受けていないのかもしれないなっていうのは，僕も感じるんですけどね。「精神療法」という雑誌にひきつけているんですけども，カウンセラー養成とか治療者養成とか，その辺どうなんですかね？

葛西　何年か前に，県立広島大学の松高由佳さんたちが調べていましたね。どのくらい授業をやっているのかみたいな。あまりされていないようでしたけれど，それでも研究している学生や大学は増えてきたかなという気はします。うちの大学院にも，北海道から沖縄まで学生さんが来るんですが，何でかっていうと臨床心理士・公認心理師の資格を取りたくて，しかもセクシュアル・マイノリティの研究がしたいとなると，大学院の数があまりないんですよね。

中村　葛西さんはそういう意味ではカウンセラー教育というか，臨床心理学教育の先駆け的なお仕事をしていらっしゃるわけでしょ。この，本に寄稿してくれた松髙さんは，そういうこともなさっているってことですね。

葛西　全国でどれぐらいの大学で教えているかを，調査されていました。

中村　そうなんですね。たくさんいろいろな本が出ているとは思うんですけど僕は不勉強で読んでいないんだけれど，「マイノリティへの理解と支援」という特集が完売してしまうというのは，どう理解してどう支援したらいいかってことにすごく困っている，もしくは関心があるという方が圧倒的に多いんだろうと思うんですよね。どこに行けばそういう支援法を学ぶことができるのかということもあるかもしれないと思うんですが，マイノリティの支援を専門的に教える人たちというのは，あちこちにそんなにいるわけじゃないですよね。

葛西　あとは，だんだん知られてきたので，カミングアウトする児童生徒が増えてきて，先生たちが対応に困っているということもありますね。

中村　そういうとき，どうするんですか。

葛西　昔は高校生ぐらいでカミングアウトが多かったんですが，最近は小学校入るときにすでにカミングアウトするお子さんとかもいます。制服も「ズボン履きたい，スカートはいやだ」って親に言ったりします。だけどまだ小1なんでどうなるかわからないし，小学校からもこれまで対応したことがないので，「それはちょっとできません」とか言われて，どうしたら

いでしょうかみたいな相談とかが増えてきたなと思います。先生方も制服を変える，トイレを整備するとかは，動きやすいんですよね。つまり性別違和のある児童生徒に対しては動きやすいようです。それで，LGB に対して「なにか学校は変える必要がありますか」とか聞かれるんですが，性的指向の少数者に対しては，特に施設を変える必要はないけれど，先生たちの理解度とか意識を変えてくださいと言うと，皆さん黙っちゃう。

林 面白かったのは，まだ小学生でどっちなのかよくわからないような子がそういうことを言い出して，地域の中学校に上がる前に相談に行ったんです。そうしたら，いきなり校長先生が待ちかまえていて出て来て，お待ちしておりましたと。「うちでは制服とかトイレもこんなふうな対応をしていきますから」みたいなことを言って，すべて準備してる。ちょっと逆にこっちが面喰っちゃったみたいね，そんな話も親から聞いたりして，意識は変わってきているんだろうけど，なにかちょっと前のめりな感じとか，あるいは早めにはっきりさせたがるみたいな，そんなところもあるのかなと思います。

葛西 当事者かどうかがわかる検査とかないですかって，聞かれたことありますよ。LGB かどうかわかるテストが欲しいとか言われて，いやそんなテストはないし，ちょっと作りたくないかなって。
　先生方は，なにか曖昧なのが難しいのかなって感じがします。

中村 本人も難しいでしょうし，対応する人的環境も難しいと思いますよね。

葛西 カウンセラーも，そうみたいですよ。

中村 僕はあまり分類するのは好きじゃなくて，曖昧でスペクトラム的に，どのあたりの人なのかなってくらいで，あっち，こっちって区別しないで，どういう迷いがあるのか，どういう悩みがあるのかを聞いてあげているわけですけれども，多くのカウンセラーは困ることは困るんでしょうね。その辺どうなんですかね。長野さんは相談に乗っていて，思春期青年期はどんな悩みでいらっしゃることが多いんですか？

長野 相談の年齢はけっこう幅広いですね。思春期青年期の悩み，いろいろありますが，自分のセクシュアリティにまだ迷っているけどどうなんだろうとか，同じような人に出会うにはどうしたらいいのかとか，家族とか周

囲の理解がなくて過ごしにくいとか，人によってさまざまです。個別の相談で話されることもありますが，グループでそういった話題を聞くことも多いです。今ちょっと出ていた話と絡めて言うと，私は支援者向けの研修をやるときがあって，質問でよく出てくるのが，病院とか専門の紹介先を教えてほしいっていうのがあるんですよ。言われるたびに，なにかモヤモヤするんです。そういう相談とかケースが来たときに，SHIPとか専門のところにつなげばいいんだみたいに，あまり思ってほしくないというか……。それだけで終わってほしくない。もちろん，必要があって地域的に近ければ紹介していただいていいんですけれど，その人が，なんであなたにカミングアウトをしたかをもっと考えてほしいなって思うんですよね。ガイドラインができて，性同一性障害が医療的な文脈で理解されたっていうのはあると思うのですが，なかにはトランスジェンダーの人で，体への違和感がそこまで強くなくても，すぐに医療につながらなきゃっていうことを，本人も家族とか学校の先生も思っている場合もあって。「ちっちゃい頃に早く病院に行った方がいいんですよね」みたいなことを言われますが，あんまり年齢が低いと医療でできることは少ないし，もっと家族とか地域とか学校がどうするかっていう問題なのになって思っているところですね。

　LGBTが知られてきて，子どもたちもけっこうそういう言葉を知って大きくなっているけれど，親とか先生世代がその変化に追いついていないんだろうと。一方ではすごく理解が良すぎる親というか，そういう子どもを見てちょっと先回りして，どんどんそういうルートを整えてあげようとする親と，そういう大人たちがいるかなっていう気がします。

■当事者性と，当事者ではない者による支援について

中村　そうですね，社会にこうして知らしめた入口って，トランスですもんね？　アメリカでもそうなんですかね。

葛西　アメリカは反対で，ゲイを公表した政治家のハーヴェイ・ミルク[注4]から始まり，LGBの方々が同性婚を認めてほしいとかのいろいろな運動があるので，トランスは本当に最近出てきて，学校でも対応しなきゃとか

カウンセリングでも対応しなきゃってなっています。私が大学院にいたときは，トランスジェンダーの話はほとんど出てこなかったですね。

中村　そうなんですね。ずいぶん国によって違うんですね。

葛西　そうですね。

中村　医学っていうことでは性別適合手術っていうことで，みんな飛びついたというか関心の的になったっていうのがあると思いますが，ぼくはマスコミの影響っていうのがけっこう大きいかなと思っています。たとえばドラマの「金八先生」で，上戸彩さんがTで出てきてた。それからその後，NHKがけっこうドラマで取りあげるんだよね。それにはGも出てくるし，Lも出てくるし，Gの人のドラマってけっこうあるでしょう。そういうマスコミの影響もあるし，歴史的にそういう判例や法整備があって，文科省も関心をもって動いてくれてというのもあり，ずいぶん目の当たりにすることがあるようになったと思うんです。ただ臨床方面で出会ったとき，さっき長野さんがおっしゃったように，何処か紹介してくださいよって言われたときに，女性外来とかはあるけれども，LGBT外来っていうのがあるのかな？　知らないだけかな。精神科でね，LGBTの方のカウンセリングもやりますっていうところは，ないんじゃないですかね。

葛西　紹介してほしいっていうものの中にあるのは，同じ当事者に出会いたいみたいなものもありますね。中高生とかが自分の周りに誰もいないと思っているので，トランスジェンダーの方ですでにホルモン治療している人とか，手術している人に話を聞きたいとか，LGの方々はどういうところで出会ったのか知りたいとか，そういうのを紹介してほしいとかよく聞きますね。最近はアプリでみなさん出会うので，早いですね。アプリで出

注4)　ハーヴェイ・ミルク（Harvey Bernard Milk, 1930年5月22日〜1978年11月27日）アメリカ合衆国の政治家，ゲイの権利活動家。1977年，カリフォルニア州サンフランシスコ市の市会議員に当選し，同国で初めて選挙で選ばれたゲイを公表していた公職者となる。しかし，議員就任1年も経たない1978年11月27日，同僚議員のダン・ホワイト（英語版）により，ジョージ・マスコーニ（英語版）市長とともに同市庁舎内で射殺された。（「ハーヴェイ・ミルク」『フリー百科事典　ウィキペディア日本語版』（http://ja.wikipedia.org/）。〔2024年6月12日閲覧〕）

会っても，そういうので出会ってるって言えないから，なにかトラブルに巻き込まれても言えなかったりして，困ってるんじゃないかなとは思うんですけど。

長野 当事者の人がそういう出会う場所を知りたいっていうのは，そうですね。心理職の人は，ケースの人に，それを紹介して終わりじゃなくて，その人が，そこに行ってどんな体験をしたのかとか，そこでどんな感じだったのかというのを振り返るのが心理の仕事だと思うんです。私が感じるのは，LGBTのテーマって支援者が自分が当事者じゃないっていうことを，すごく気にされることが多いなってことです。私自身は当事者性もあって心理職でという立場なんですけれど，シスジェンダーや，ヘテロセクシュアルの心理職の人は，自分は当事者じゃないから傷つけるんじゃないかとか，どこまでわかるんだろうかっていう話をすごくされるんです。それってたとえば精神障害とか発達障害とかだったらなにも言われないのに，なんでこのテーマってそんなことを言われるのかなとずっと思っています。

中村 僕は当事者じゃないんだけれど，鈍感なのか「あー，大変だね」「ひどいねー」とかって感じで，よろず相談的に入っちゃう。いろいろトラウマがあったりするわけで，カミングアウトしたいけどできないとかね。ぼくは家族療法が専門なんだけれど，家族の中でどういう苦しみを彼ら，彼女たちが持っているかっていうのを聞いていて，ハッキリと自分がゲイだとかレズビアンだとか，特にゲイだっていうふうに自認できてくると，僕はゲイの人のグループを紹介するわけです。そういうところにも行ってみたら，そうすると出会いがあるかもよって。次のセッションに来て「恋人ができました」って喜んで言うので，「それはちょっと早いから（笑）。もうちょっとよくつき合ってからがいいよ」って言うんだけれど，そういうところを紹介してあげたりします。最近では大学の中でも，マイノリティの人たちのグループを持っていますよね。秘密結社的にやってるんですかね，あれね。僕はよくわからないけれど。

平田 大学のLGBTのサークルで公認のサークルになっているものも，以前よりも見かけるようになっているように思います。

葛西 なんとなく思うのは，大学院のときにセクシュアル・マイノリティに

ついてあんまり勉強していないから，それで不安なのかなと。中村さんは特別です（笑）。でも当事者かどうか，あんまり言わないですよね。

■スティグマの内在化

中村 最初に話したけれど当事者じゃないのに，セクシュアル・マイノリティのグループとぼくはお付き合いできているのかなって思いますが，僕にもホモフォビア（同性愛嫌悪）っていうのがあるなって気づかされたのは，アメリカでのマイノリティの人たちのグループです。ファミリーセラピストたちが集まってるんですけど，そういう場に OK だよって言われて参加したんですけれど，「この人もゲイなのか，あの人もゲイなのか」と驚きました。ロバート・グリーンさんは，ゲイグループのリーダーシップ取っている人ですが，彼の繊細さっていうのは半端じゃなくて，特に子どもの治療がものすごくうまいんだよね。子ども目線でね，ちゃんとセンシティビティ働かせて，治療できちゃうっていうのが，僕の偏見かもしれないけどゲイの人の天性だなと思って。あるいはいろいろな面で，マジョリティじゃないセラピストより優れているんだなっていうふうに直感的に思っちゃって，もっともっと教えてもらうことが多々あるなって思ったりしています。僕がそういう中でホモフォビアって言葉を聞いて，冒頭でも話したように，「ああ，たしかにあったな」って思いました。昔々はみんな，特に田舎だったり，昔の時代に育った人たちっていうのは，内在化していないからかもしれないけど，どこかで「わあ，気持ち悪い」っていうのがある。「女々しい」って言葉があるよね，「雄々しい」っていうのもあるけれど，女々しいって言葉がすでに，日本文化に内在化したホモフォビアだろうっていうふうに僕は思っていて，そういうのを自覚しだして，それからは自分は LGBTQ の人を扱えないとか，そういったことは僕はなくなっちゃった。僕も以前はホモフォビアはあったし，だけどそんなフォビアはおかしなフォビアだよねって思って，今に至って仕事しているわけです。男性セラピストでゲイのクライアントを扱うときに，ホモフォビアの問題ってセラピストの中に出てくるかもしれないなって思うんですけどね。

平田さんも林さんも当事者だからないだろうけど，さっき言ったように自分の中にありましたか。

林 当事者だからホモフォビアがないってわけでは全然なくて，その逆。当事者だからむしろ強いんです，しかも内在化して性格と一体化している。初めの頃は，病院の外来でゲイの人が来て話をするときに，精神科の外来だと裏が通り抜けられるようにつながっているんですけど，ドア全部閉めて話をしちゃったりとか。相手への配慮もあったけれど，こっちもびくびくだった。あの頃の患者さんには悪いメッセージを与えてしまったかもと今でも思います。

中村 さっき思春期青年期ぐらいから，ご自分がゲイであるってことがだんだん自覚できてくるときに，内在化されたスティグマによって苦しめられるという話をしてたでしょ。そのへんについて，読者の方に知ってもらった方がいいかなって思うんですよね。

平田 そうですね，私が思春期・青年期だったのは40年ぐらい前の話なので，私の体験は，LGBTという言葉が一般の人々にも浸透するようになった現在の状況にはあまり当てはまらなくなっている部分も多いと思いますが，参考になる部分もあるかもしれないのでお話しすると，私の場合，最初に述べたように，自分がゲイだと気づくまでの時期に，同性愛に対するスティグマを強く内在化させていたので，気づいたときに非常に苦労しました。思い返すと，小学生中学年の頃の自分にはすでに，「ホモ」という言葉がすごくネガティブなものとしてインプットされていました。世の中には「ホモ」と呼ばれるヘンな人たちがいる，「まっとうな自分たち」とは別の世界に住むヘンな人たちがいる，侮蔑されるに値するような人たちがいる，というような認識を，その頃の自分は持っていました。これはもちろん大人になった自分が振り返って言語化した表現ですが。「同性愛者」というものはそのように扱われるものだという認識を，小学生中学年になるまでの間に，私はしっかり学習して身につけていたんですね。自分が当事者なのにね。私の育ってきた環境の範囲内では，そのような扱われ方を見聞きするばかりで，その認識を正してくれるような情報と出会うことは，日本で育ってきた過程の中では，残念ながら，なかったんですね。なので，

私の場合は，中学生になり同級生の男子に惹かれていても，それが恋愛感情であると認識することはできませんでした。そうかもしれないとうっすら思っていたから図書室で同性愛について調べてもいたわけですが，「同性愛者」という言葉を自分に当てはめていませんでした。なので，本来の自分にちゃんと気づき，受け入れるのに，かなり時間がかかり，苦労もしましたね。

中村 それは辛いですね。

平田 スティグマの内在化ということに関しては，一見ポジティブに受け入れているように見える当事者でも，細かにみていくと，スティグマの内在化によるネガティブな影響が，その人のものの考え方やその人の言動にどこか及んでいるケースは，意外と多いのではないかと私は思っています。当事者と接するメンタルヘルスの専門家は，必要以上に先入観を大きく持つ必要はないけれど，スティグマの内在化による影響があるかもしれないという観点を，どこかに持っておけるといいんじゃないかと私は思います。現在は40年前と比べると肯定的な情報にも触れやすいので，困難なく自分のセクシュアリティを受け入れられる当事者も多くなっていると思いますが，同時に，現在の10代の当事者の中にも，やはり一定数，スティグマの内在化によるネガティブな影響を被っている人たちがいます。

中村 恥とか自己価値とか，まさに抵触するので。そうすると，今まで忌み嫌っていたものが自分なんだっていう，凄く自分を傷つけ痛めつける，苦しいプロセスですよね。そういうのをアクセプトしていくっていうのはね。

長野 これだけLGBTって言葉が知られてきて，30年前とかより肯定的な情報があるはずなんだけれど，今の10代の子とかでも自分のセクシュアリティをけっこうネガティブにとらえていたり，政治家の発言とかネット上のバッシングを見ても，それを言っている人が偏っているって，なかなか思えないんですよね。そういう発言を聞いちゃうと，自分の親はこういうふうに思うんだろうなとか，肯定的に見てくれる人もいるけれど，そういうふうに見る人が世の中にはやっぱりいるんだよねって，まともに傷ついちゃう。当事者自身がすごくそのことをネガティブに内在化しちゃっているというのが，いまでもまだまだあると思います。

中村　林さんの場合はどうですか。

林　なんだろう，今言われていろいろなことを思い出すんですが……。ホモっていう言葉を初めて聞いたときの情況っていうのは，はっきり覚えているんですよね。「ああ，そういう意味の言葉なんだ」っていうことを，初めて理解したときに自分がどこにいてどんな状況でって，まだ覚えてるんですよね。

中村　何歳くらいですか。

林　中学校1年生，13歳だと思うけど階段のところで同級生に「ホモっていう言葉知ってる？」みたいなこと言われたのを，いま何十年ぶりかで思い出したけれど鮮明に覚えていますね。たぶん平田さんよりはもうちょっと前から自分の性指向っていうのには気がついていただろうけれども，それが自分にとっても重大な問題なんだっていうのは，思春期を迎えてこれから社会に向かって出ていくなかで，より大きく自覚されるんですよね。それをどうやって克服していくのか，つき合っていくかっていうときに，職業選択みたいなこともかかわってきて，きっと今の職業に関係したんだろうと思うんですよね。逆に自分がそれを援助する側になって，ちょっとそこを覆い隠すような，何か言われても援助職の立場にあることで自分を守るみたいな，そんなことがきっとあっただろうと思うんですね。ちょっとずるいというかね。

中村　ずるいっていうか，自尊心の保ち方っていう意味では，職業選択として有りですけどね。

林　たぶん似たような発想の人は他にもいるんじゃないかと思うんだけれども，そうやって援助する側にたって自分を守りながら，セクシュアリティの部分はそこで切り離しちゃう人もいるのかもしれないけれども，私はそこを完全に切り離せずにこの仕事をやってきたところがあるんですけどね。そこに多分初めの仕事選びの動機づけもあるんだけども，医者になった初めの頃は，そこに動機づけがあるんだってことを自分で認めることはなかなかできなかったんです。でも何年かたって，自分がゲイだったから医者になったんだよ，あるいは援助職になったんだよって言えるようになったときに，ふっと楽になったっていうのはありましたね。

中村 なるほどね。長野さんは，今当事者とおっしゃってくれたからお聞きしますが，個人的にはどういう体験でしたか。苦労されたんですかね。

長野 私も自分が同性愛だと受け入れられない時期はありましたね。小さい頃から女性が好きだったんですけど，最初は恋愛として認識はしていなくて，ただ好きな女の子がいるっていうのでずっときていました。周りの女子が男子の誰が好きみたいな話に全然入っていけなくて，誰が好きかと聞かれても具体的にいなくて，いないって言うと「隠してるんでしょ」みたいに言われて，女子の恋愛話の輪に全然入れなかったです。特定の好きな子はそれまでも何人かいたのですが，中学高校くらいでこれって友だちなのかなみたいな，自分でもこれはどうなんだろうみたいな時期がありました。たぶんそのくらいのときだと思うんですが，友達が「誰々ちゃんて，レズだよね。気持ち悪いよね」みたいな話をしている場面があったんです。自分のことではないんだけれど聞いてしまって，女の子が女の子を好きになるのはレズっていって気持ち悪いことなんだって，これは言っちゃいけないんだなっていうことがあったんですね。だから，だんだん自分の中でも，これってやっぱり友だちへの思いとちょっと違う，恋愛感情なんじゃないかってなったときに，自分のことを気持ち悪いとか，罪悪感みたいなものがありました。でも高校を卒業した頃に，レズビアンやゲイの人が自分の体験談を書いた本を読んで，そのとき，自分の体験が全部書いてあるなって思って，これってやっぱり同性愛なんだって。私はそのつながったときは，スッキリというか，いままでずっとモヤモヤしていたあれには名前があったんだなってわかって，なにかもう吹っ切れた感じですね。はっきりする前は，なにかよくわからないけれどいけないことなんじゃないかとか，相手は自分のことを友だちって思っているのに，相手に触れたいとか，独り占めしたいと思っている自分が気持ち悪いとか汚いっていうのはありました。自分一人じゃなくて，そういう人がいるんだって思ったときは，なにかストーンと落ちた感じです。

中村 そこから，パートナーというか恋人を見つけるとか，どこにどうアクセスすればいいかっていうことになると，どうなんですか。アプローチしたらヘテロの女性だったりして「気持ち悪い」って言われたりとか……。

僕はそういう経験がないので，そのへんの苦労っていうのはおありだったんですか。

長野 そうですね，私は高校出て大学くらいで自覚がはっきりして，当事者のコミュニティに出るよりたぶん先に，友だちとか周りにカミングアウトしたんです。だからちょっと，パターン的には珍しいかもしれないです。
　大学ではわりと友人には広くカミングアウトしていて，その中で私が初めて会ったレズビアンの人はカミングアウトした大学の同級生なんですけど。「私もそうだよ」って言われて……。

中村 カミングアウトしたら，向こうもそうだよって言われたんですね。

長野 そうです。私は，全然気づいていなかったんです。たぶんその後に当事者のコミュニティに行ったんですね。

中村 そうですか。レズビアンの方たちは，ゲイの人たちよりも，何て言うんだろうコミュニティとしてはわりにシークレシーというか，排他的ではないんですかね。なんとなく，僕の印象なんですが。

長野 排他的というか，そもそも数がすごく少ないです。

中村 カミングアウトしている人が少ないっていう意味じゃなくて？

長野 コミュニティの規模が小さいです。

中村 それはなんでかな……。

長野 私は都内の大学に行っていたのもあって，行ける範囲に当事者同士で集まる場がありましたけど，たぶんそうじゃない地域の人は，そもそもそういう集まる場自体，当時は少なかったと思います。

中村 ないでしょ。今どきはインターネットで調べれば「わたしも，わたしも」っていう人たちが集まっていて，こういう悩みがあるんだけどって言える場所が見つけられるだろうけど。偏見の場にさらされた後，わざわざ都会に行かなくても，自助グループみたいなものってあるんですか？

長野 個人で出会いを目的として会うものと，そういう悩みを分かち合うっていうのと，またちょっと違うニュアンスかなという気はするんですけど。地域によって数はかなり変わってくると思います。

中村 先ほどの林さんにしろ，平田さんにしろ，自尊心の問題っていうのがすごく僕には印象深く聞いていたんだけれど，レズビアンの人たちの場合

に自尊心という点ではどうなんですか。自尊心の傷つきみたいなのは，あるんですかね。

長野　先ほどのスティグマはたぶん，レズビアンもあるかなと思います。今は変わってきたと思いますが，私は大学に入ってインターネットが使えるようになったころ，レズビアンっていう言葉で検索したら男性向けのポルノが出てきたことを覚えています。AVの一つのジャンルとしてのレズビアンの情報が，バーッと出てくる。今はそんなことないと思いますけど，だからレズビアンっていう言葉，私いまでこそこうやって言えるんですけれど，自分でもけっこう長い間，その言葉はしっくりこなかったですね。女性が好きとか同性が好きっていう言い方はできても，やっぱりレズビアンって言葉は当時は凄く性的なイメージがありました。今では自分をあらわす言葉として，レズビアンと言えるようになりましたが。

中村　女性のゲイっていう言い方もありますよね。

平田　英語の gay という言葉は，女性に惹かれる女性にも使われるようですよね。

中村　レズビアンって言葉はなにか，なんとなくしっくりこない。偏見を呼ぶ言葉だっていうのがあるのかもしれないなと思いながら聞いてたんですよね。

林　1950年代とか60年代は，アメリカとかでゲイと言ってたでしょ。パトリシア・ハイスミス[注5]の伝記映画を観に行ったら，50年代みんな女性もゲイだと言ってた。

中村　女性のゲイの方が僕は言いやすいような気がするね。男性のゲイと女性のゲイがいますよっていうね。

注5）パトリシア・ハイスミス（Patricia Highsmith；1921～1995）
　　テキサス州のフォートワースに生まれ，スタンリー・ハイスミスの養女となりニューヨークで育つ。バーナード・カレッジの在学中に短篇小説の執筆をはじめ，「ヒロイン」が雑誌『ハーパース・バザー』に掲載される。自らレズビアン，ないし両性愛者だと述べている。代表作に『太陽がいっぱい』。（「パトリシア・ハイスミス」『フリー百科事典　ウィキペディア日本語版』（http://ja.wikipedia.org/）．［2024年6月12日閲覧］）

■「目に見えるところ」と「見えないところ」とのギャップ

長野 スティグマの話でさっき聞いていてちょっと思い出したんですが，宝塚大学の日高庸晴先生が「宝塚大学看護学部日高教授　第3回 LGBTQ 当事者の意識調査（ライフネット生命委託調査）」^{注6)}として，いじめ被害やカミングアウト，同性婚等に関する調査結果を発表されていて，10代のいじめの経験率が 38.8% と，2016 年，2019 年の時よりも下がっていました。一方で，SNS 等で「1年以内に LGBTQ に関して差別的な発言を見聞きしたことがある」と回答したのは，10 代の当事者では 85.5% という結果でした。表向きはなくなってきたけれど，ネットとかそういうところでの否定的な発言って，LGBTQ がよく話題にされるようになったからこそ，逆にバッシングとかも増えていて。だから今，SHIP とかに来られる人とか相談したいと言ってくれる人はいいんですけれど，どこにもつながっていない人のスティグマってむしろ深刻じゃないかなって思うんです。

葛西 学校現場とかだと，おおっぴらないじめみたいなのはちょっと減ってきた気がするんですよ。先生もダメだって言うから。でも，こっそりとしたいじめとか SNS でのいじめだとか，からかいとかはたくさんあって，いじめだったら言えるけれど，からかいだと言えなくて，ふざけてるだけとか，友だちだから言ってみたみたいな感じで言われちゃうと，何も言えないまま傷ついてるっていうのがありますよね。

林 おおっぴらに言っちゃいけないっていうのは，だいたいみんな浸透してきたというか。

葛西 その子がゲイだからとかトランスだからとかっていうのではなくて，そんな雰囲気だからみたいなことで。

長野 理解しましょうっていうのと，本音っていうのとギャップがあって，つらくなっている当事者はいるだろうなっていうのがありますね。授業でやっているときとか先生の前では，いじめは起きないけれど，子どもだけ

注6) https://www.lifenet-seimei.co.jp/shared/pdf/202311-21-news.pdf

になった場面で出てくるとか。あと同性婚とか性別変更についてのニュースとかが出て，自分にとってはすごく大きいことだし，誰かとしゃべりたいんだけど，次の日学校とか職場に行っても誰もその話をしていない。みんなにとっては，これってどうでもいいことなんだな，当事者じゃないとあんまり関心を持ってくれないんだなみたいに感じたと，そういう話もよく聞きます。

葛西 うちの大学院では，24時間そういう話をしてますので，関連のニュースが出たとたん「えー！」ってなって学生たちとも話すことが多いんですけど，就職したとたん，全然周りの人は知らなかったとか，「LGBTって何？」みたいなことを言われて，ちょっと温度差を感じることがあると聞きます。

平田 その子どもが今いる環境の中で，その子どもと直に接している大人が，LGBTに関して肯定的な情報を発していて，それを，子どもたちが直接受け取ることができるという状況が，本当は，なくてはならないと思います。親や教員など身近な大人が，プライマリーな情報源に，本当は，なる必要があると思います。身近な人が身近なところで「それは大丈夫なんだよ」と最初から伝えていれば，そこで肯定されている感じを子どもがちゃんと自分のものにしていれば，ネット上で否定的な言説が流れていても，それによって影響を受ける度合いは少なくなるんじゃないでしょうか。肯定的なメッセージが，初期の段階から，身近なところに存在していてそれが子どもたちに根づいている，ということが本当は必要だと思います。

葛西 匿名だからSNSでそういう誹謗中傷とかネガティブなことが，より書けるようになったのがね……。みんな名前だして書かないといけないってなったら書けないんじゃないかな。それから，先生と話していても，すごく理解のある先生と「言葉に出さなかったらいいんでしょう」とか言う先生っているんですよね。「僕ちょっと受け入れられないんで。でもそれを言葉に出さなかったらいんですよね」とか，「そういうのを言葉に出さないようにって生徒に教えたらいいんでしょ」みたいな先生もいるんですよ。

中村 そっちのほうがよっぽど外傷体験になっちゃうね。思っていても言葉に出さないってね。

スティグマの話とかSNSの話もそうだけれど，昔からホモセクシュアルの人たちの，トランスジェンダーもそうかもしれないけれど，自殺率が一般人口に比べるとけっこう高いんですよね。それって自分でも悩むこともあるだろうし，社会的なスティグマに晒されて苦しんでっていうこともあるだろうし，そういうことも一般の精神科医が知っているのかなと思いますね。ちゃんと相談に乗ってあげないと，場合によっては死を選ぶ，せっかく話したのにっていうようなね，そこでトラウマタイズされてしまって，「ああ，わたしはもうだめだ」とか「僕はだめだ」とかって，死を選ぶっていうこともあり得ると思うんですよね。だからそういうことも知ってほしいなと思っています。
　それから，ジェンダー・アイデンティティ・ディスオーダー（性同一性障害：Gender Identity Disorder）が，DSM-5はディスオーダーを取ってジェンダーディスフォリア（性別違和：Gender Dysphoria）としたのは良かったとは思うんだけれど，基本的には僕はその人の個人の生き方だと思うんですよね。その人の個人の性指向とかジェンダー・アイデンティティとか，生き方の部分なんであって，けしてディスオーダーっていうのはつくべきものではないと思うんです。だけども，社会に適応するときのはざまで苦しさや，コンフリクトが生じたときには，眠れないとかの身体症状やうつ症状とかいろいろな症状が出てきたら，そこで初めてディスオーダーがつくんであって，それが取れればディスオーダーではないわけです。その人の生き方が，マイノリティに属していてディスオーダーという症状を出す可能性があるっていう，適応障害ですかね。僕はそう思っているんで，だからこの人の生き方をどう支えたらいいかって考えればいいと思うんだけれど，「あっ，ディスオーダーか」ってなっちゃうと非常にマズいと思うんですよね。

■当事者性の開示について

中村　時間があるので，何か話したいテーマがあればお願いします。司会が言うのもなんですけど（笑）。今日，当事者の3人の方から自分のアイデ

ンティティに関して，悩まれたり苦しまれたりしたっていう話を聞けて，読者もとても参考になると思います。
覆面座談会みたいな部分があって（笑），掲載できないところもあると思いますが，こういう話は覆面にしないでほしいというふうに思うんですね。
平田 自らに当事者性があることを支援者が開示するかどうかについて私の思うことは，もちろん必ずしも開示する必要はないけれど，当事者性が自らの内である程度おさまりがついているなら，開示することが役立つ場合もあるんじゃないかと思います。セラピーの場でクライアントに対して開示することも，公の場において開示することも，どちらもよい作用を生み出す場合があると思います。自分自身がそのことによって不安定になりすぎないことが，もちろん大前提ですが。

「マイノリティ」である自分のセクシュアリティを，無理にオープンする必要はもちろんないわけですが，同時に，ある程度はオープンにしている人たちが一定数はいないと，なかなか社会において必要な変化が生じにくいのではないかと自分は思っています。自らが「マイノリティ」であることをポジティブに活かしながら，自らのセクシュアリティをある程度オープンにしながら，社会生活を送っている当事者たちが，テレビのタレントさん以外にも，一定数以上目に見える形で存在していることは重要なことであるように思います。いろいろな「ロールモデル」が存在することは，若い世代にとって助けになるんじゃないでしょうか。
中村 女性のゲイで援助職に就いて，同じく女性のゲイを援助したいとか，そういう人たちもけっこういらっしゃることは，いらっしゃるでしょうね。
長野 それを表に出してやっている人は，まだ少ないですね。私は仕事上でも，カミングアウトしている場面としていない場面があります。
葛西 たしかに卒業生にも当事者の方がいますけれど，職場では言っていないんじゃないかなって感じがしますね。
中村 テレビのドキュメンタリーでもあるけど，家族の方が受け入れがたくて耳を塞いで「もう聞きたくもない」って言って，「あんたはうちの子でもなんでもない」みたいなリアクションとかあったりしますよね。家族に言うとき親の世代でも大変なのに，おじいちゃんおばあちゃんは孫の顔見

たいとか言う世代ですからね，言う必要があるかどうかは別として，そういうのが伝わると嫌だなとか，日本社会の中でやっぱりありますかね。アメリカで家族の中で最初に誰にカミングアウトしますかっていう調査があって，「姉」というのが多いんですよね。それから「お母さん」かな。父親はちょっと敷居が高いんだか，壁が厚いんだか知らないけれど最後っていうのがあって，家族の中では父親に言うと騒動が起きるみたいな，そういう警戒心というか言い辛さっていうのがあると思うんだけれど，個人情報丸出しですけど，林さんと平田さんの場合，家族の受け入れというのはどうですか。

林　あんまりいいやり方じゃないかもしれないけれど，私は手紙を送ったんですよね。手紙を送って，反応を待つというか……。それこそさっきも言ったけれど，こっちは精神科の医者で何言われても返事をするよみたいな立場になったところで手紙を書いて，けっこう理詰めの手紙ですよ，反論できないような。かわいそうなやり方だったかなと今は思います。しばらく返事もなくて，ようやく1週間くらいして電話がかかってきて，「手紙読んだよ」「わかった，知らなくてごめん」みたいな話だったんだけど，結局その手紙どうしたかっていうと，やっぱり焼いて捨てちゃったらしい。その後しばらくその話は出なくなって，帰省したときも話題にもならずに，10年ほど経って，向こうもだいぶ弱ってきて，こちらもそれまでより頻繁に帰るようになってきたら，親戚や近所の人に向かって，私のことを「嫁に行かない娘がいるようなもんですよ」と言っていたらしい。ジェンダー的には大問題ですが（笑）。「そういうもんですよ。助かってますよ」みたいなことを言ってたって話を聞いて，そうか，なるほどそうなのかと（笑）。

平田　私のところも受け入れるには10年ぐらいかかりましたね。私は，医学部を受け直す際に受験勉強をするために実家に帰っていたのですが，そのときに伝えました。親のイメージしている自分の将来像が実際と異なっていると感じたので，伝えましたね。「これ読んどいてね」と直に手紙を渡して。その後しばらくの間，その話題に向こうから触れることもほぼなくこちらから持ち出すこともなかったのですが，私は兄に先に伝えていたので，兄が両親の理解を促す役目をしてくれていたようです。医学部に

入ってまた実家を離れた後，電話で話しているときに親のほうから同性愛をテーマにしたドラマの話題を出してきたり，同性愛に関する新聞記事を手紙に同封して送ってきたり，10年経つ頃には，地元でLGBTのイベントが開かれた際に親が参加してきたと聞いて驚きました。今は同性愛に関する話題も自然な流れで話すようになっていると思います。伝えた当初は「うちの親はまず受け入れられないだろう」と思っていたのですが，「時間の経過」という要因は大きいなと感じます。

中村　僕らが共通して知っている人も，弟に最初に言ったんだっけ。ゲイは男性の兄弟がいると兄弟に言う可能性もあり得る？　女性のゲイの人は姉とか，その次がお母さんだったかな……。

林　男もお姉さんがいたら，お姉さんのほうが言いやすいよね。

平田　私も，姉もいるとしたら先に姉に言う可能性が高いと思います。

■今後の課題

平田　LGBTという言葉が一般の人たちの間にも浸透するようになって，公的には受け入れる必要があるんだという認識が広まっているようにみえる現状がある一方で，表面化しづらいちょっとしたからかい等は依然続いていてやはり苦しんでいる当事者たちがいる，という話が先ほどありました。LGBTQがよく話題にされるようになったからこそ逆にバッシングも増えている，という長野さんからの話もありました。そのような，「表向きには受け入れが進んでいるようにみえる」という部分と，「目に見えないところで依然からかい等が続いていて苦しんでいる当事者がいる」という部分との，ギャップがあるようなのですが，そのギャップを少なくしていくために，その状況をどのように捉えたらいいのか，そのような状況にどのようにアプローチしていったらいいのか，なにか考えのある方，おられますか？

中村　葛西さんはずっと発言していなかったので，どうですか。

葛西　先生方もそうだし親もそうですけれど，みんなが理解してくれるのが一番なんですが，なかなか年代とともにそのハードルはあるなと思うの

と，意外と若い子も心の中で偏見とか持っていたりして，そういうのは出しちゃいけないって思っているから匿名で書いたり，ちょっとからかったりとかがあるのかなと。これは海外の研究ですが，自分ももしかしたら同性愛かもって思っている人の方が，いじめみたいなことをするっていう研究があります。だからその辺のちょっとまだ揺れてる・自分でわからない人たちの，あえての口調が「違うんです，ヘテロです」という主張をしたいために言うのかなというのがあるのですが，そのこと自体がどうやったら皆さんに根付くかはわからないんですけれど……。

林　それは世代の問題なんかもあって，ある程度年を取った人がいなくなったら変わるのかとも思うけれど，そうじゃない若い人たちもまた新たにそういうフォビアと偏見みたいなものを作ったりしてるんですか？

葛西　つい先日これもどこまで話すかなんですけれど，ある学校ですべての学年で授業をやったんです。ある一つの学年の先生たちはすごく理解も深くて，熱意的だったんです。他の学年の先生たちは，おそらくやらなきゃいけないからやったんだろうと思うんです。その後，理解のある学年の子たちから，「もうこれからは『君・さん』とか男女別はやめて，みんな『さん』にしましょう」とか，「男女混合名簿にしましょう」という提案があったんですよ。その方がわかりやすいとか，性別を男女って分ける必要ないですよねって。そうしたら他の学年のほうから「いや，それはなんだかよくわかんないし，これまでのとおりの方がいいじゃないですか」みたいな話が出たんです。他の学年はよくわからないから，その意見を聞いて「私たちも」ってなってということがありました。だからその子たちは先生の影響も受けているし，親の影響も受けているので，この人たちみんないなくなるのを待っても……（笑）。私は今教育大にいるので，学校の先生になる人たちはみんなセクシュアリティとかジェンダーのことは，その人の在り方だし，変えられるものじゃないし，その人のものなんだから，いじめや差別・偏見はおかしいねっていう意識を持ってもらうように必須科目として教えています。先生たちもみんなそうなっていかないと変わらないなと思うので，まだまだ先は長いと思うんです。

林　教育のところで変えていかなきゃいけないことが，たくさんあるんだろ

と思うし，性教育なんかもぜんぜん足らないでしょ。

葛西 小学校に行って聞くと，小学校の低学年でも「男で化粧してる，気持ち悪い」とか言います。幼稚園に行ったときに「え〜。ホモ」とか言って叫びながら走っていく子がいたので，ちょっと捕まえて「ホモってどういうことか知ってるの？」って聞いたら，「えー，知らんわ」と言いながらワーって走っていったんです。その言葉はちょっとダメな言葉というか，からかう言葉だなっていうことはわかっているけれど，具体的にはどんな意味かたぶんその子は知らなかったと思うんですよ。どこから聞いたかわかりませんが，メディアだったり親だったりするんでしょうね。

中村 長野さんはこういう活動を通じて，どうですか。

長野 さっき平田さんが言っていたギャップを埋めるためにどうしたらいいかっていうことで，差別や偏見に気づいたとき，何か行動してほしいなっていうのはあるんですよね。心理職の人って，中立的でいなきゃいけないみたいな呪いにかかっているところがあるので（笑）。何もしないのが中立かという問題があると思うんですよ。差別や偏見がある現状で，その状況で黙っているというのが，どういう影響を与えてるかって考えて，やり方はいろいろあると思うんですけれど，そこで傍観しないでほしいなっていうのは凄く思うんですよね。心理職にも自分たちの役割として，周囲や社会に働きかけていくこと，そういうものもあるんだというのはわかってほしいなっていうのがあります。

　あとは一対一の相談場面で，当事者や家族からスティグマみたいな話が出てきたときに，これだけ社会が変わってくると，カウンセラーの方もあまりネガティブな話に耐えられなくなっちゃうのか，「そうは言ってもよくなった部分はあるよね」とか，「こういうふうに今よくなってるじゃない」みたいなことを，励ますつもりで言いがちかなという気がしています。カウンセラー側が少し早すぎる励ましをしちゃうと，クライアントの方はネガティブな気持ちを出し切れなかったり，そこでさらに自分を責めてしまうような感じがしていて，むしろ今みたいな社会だからこそ，心理職は，その人が自分をすごく否定しちゃう部分にしっかり寄り添ってほしい，そうせざるを得なかったその人の語りをじっくり聞いてほしいなというのは

思っています。

中村　だんだん道は開けてきてはいるけれども，これから先いろいろやるべきことっていうのは，たくさんあるなって思いますね。別にそれは当事者じゃなくても，われわれ心理援助の専門職としてやるべきことはたくさんあるし，トレーニングというか理解をしてちゃんと支援していくというのが，凄く大事だなって思っています。

当事者の方たちから貴重なお話を聞けたっていうのは，重要だと思います。

平田　私が口火を切ったことが要因だと思うので，それでこう言うのもなんですが（笑），当事者としての体験をこんなに語る座談会になるとは予想していませんでした。心理支援の現場の話など，支援者として具体的にどのようにかかわっているかという話ももっとするだろうと思っていたのですけど。

読者の方々が，役立つ部分を見出してくれるとよいですが。

中村　間違いなく役立つと思います。長時間にわたって，貴重なお話を伺い大変ありがとうございました。

（2023年11月26日収録）

おわりに

　「はじめに」でも述べたように，2016年に『精神療法』誌上で「セクシュアル・マイノリティ（LGBT）への理解と支援」というテーマの特集が組まれましたが，本書の内容はそこに掲載された論文をもとにしています。

　『精神療法』誌で「セクシュアル・マイノリティ」あるいは"LGBT"という言葉をメインに掲げ，特集が組まれたのはこのときが初めてだと思いますが，この2016年には，ほかの精神科医療・心理臨床の雑誌でも同じように，初めて"LGBT"という言葉をメインに掲げた特集号が出されています[注]。この時期は，性的指向やジェンダー・アイデンティティが「マイノリティ」である人々の存在が，日本のメンタルヘルス専門職一般の間にも，自分たちが関わることのある存在として，より明確に（それ以前と比べると）かなり広く認識されるようになった時期だったのではないかと思われます。この時期以降，日本の一般社会においてLGBTという言葉の認知度が（それ以前と比べると）ずいぶんと上がった印象を受けます。関連する法制度もいくつか新たに設けられました。そのような変化には，プラスの側面が多分にあると思われます。

　一方，今回書籍化するにあたってあらためて行われた座談会では，以下のような指摘もなされました。LGBTという言葉が一般の人々の間にもある程度は浸透し，公的には受け入れる必要があるという認識が広まったようにみえる一方で，表面化しづらいからかい等は依然続き，苦しんでいる当事者たちがいる。「表向きには受け入れが進んでいるようにみえる」という部分と，

注）「LGBTを正しく理解し，適切に対応するために」精神科治療学 31(8)，2016年．「LGBTと性別違和」こころの科学 189，2016年．

「目に見えないところで依然からかい等が続き，苦しんでいる当事者がいる」という部分との，ギャップがあるようだ，と。

　見えにくい部分で当事者がどのような体験をしているかに，今後も，こまやかに目を向けていく必要があるように思われます。

　今回収録された座談会では，最後に司会の中村先生が「当事者たちから話を聞けたのが重要だと思います」と述べているように，筆者を含めた話者の3人が当事者としての体験もそこそこ語りながら話をしています。メンタルヘルス専門職を主な読者に想定している本書に，当事者としての話をそこそこ掲載することの「適切さ」や「意味」について少し考えましたが，読者にとって有用になる部分もあるかと思い，載せてもかまわない範囲におさめ，載せることにしました。

　セクシュアリティの領域以外でも，以前よりも，メンタルヘルス専門職に就く人が自らが「当事者」であることを明らかにし，支援者としての活動を行っている，という例を見かけるようになっている印象を筆者は受けます。座談会の中でも述べたように，支援者が支援の場で，自らの「当事者性」を（自ずから明らかになる場合でなければ）必ずしも明らかにする必要性はないわけですが，必要に応じて自らの「当事者性」を相手に伝えることは，支援の有効性を高める重要なツールになり得ると筆者は感じています。

　本書は，「セクシュアル・マイノリティ（LGBT）への理解と支援」に関する事柄を，網羅的にカバーすることを意図していません。特集が組まれた2016年当時，このテーマで執筆できる「執筆者がいるかどうか」が先で，各執筆者に書いていただけそうな（各執筆者が書けそうな）事柄を載せることにした，という流れがあります。

　LGBTIQ＋のニーズは多岐にわたる，と言うことができます。2024年の現在，そして，今後は，本書で充分に触れられなかった事柄が，より執筆され得る状況になっているように思います。同様の書籍がさらに出版され，これまで充分にフォーカスのあたっていない種々のトピックが取り上げられていくことを期待したいと思います。

なお，今回書籍化するにあたり，2016年に書かれた元論文を，各執筆者に（必要に応じて）適宜書き改めていただく，書き足していただく，という作業を行っています。

　セクシュアリティに関する用語は，確定し難く，常に更新し続けるものと思っておいたほうがよいと思われます。特集が組まれた当時と8年後の現在を比べても，どのような用語を使うかに関していくつもの変化がみられます。おそらくこれから何年か経つうちにも，また変わっていくでしょう。
　今回，セクシュアリティに関連する用語を執筆者間で相違が生じないように統一する作業は，必要最小限にとどめました。使われる文脈や使う意図が異なると表記の仕方も違ってくるのは当然であり，無理に用語を統一すると，執筆者の伝えようとしていた論点が若干変わってしまい，充分に伝わらなくなる可能性があると感じられたので。
　多彩な表現をとること自体が，セクシュアリティというものの本来の性質であるようにも筆者には思えます。

　本書の編集作業に携わるという貴重な機会をあらためて提供してくださった中村先生，および本書を形にしていく作業に丁寧に伴走してくださった金剛出版の梅田さんに感謝いたします。

　くり返しになりますが，読者の一人ひとりが，本書の中に何かしら役立つ部分を見出してくだされば幸いです。

2024年8月22日

平田俊明

〔初出一覧〕

中村伸一（2016）はじめに（「セクシュアル・マイノリティへの理解と支援」精神療法，第42巻第1号，7-8頁を加筆修正）

佐々木掌子（2016）「セクシュアル・マイノリティに関する諸概念」（精神療法，第42巻第1号，9-14頁を加筆修正）

針間克己（2016）「『性同一性障害』から『性別違和』へ―DSM-5における診断名変更の背景」（精神療法，第42巻第1号，15-18頁に追記）

東優子（2016）LGBTIQ+の人権をめぐる国内外の動向（「LGBT／LGBTIの「性の権利」をめぐる国際社会の動向と日本社会」精神療法，第42巻第1号，61-63頁を加筆修正）

葛西真記子（2016）「セクシュアル・マイノリティの子どもを支えるスクールカウンセリング」（精神療法，第42巻第1号，19-23頁）

佐々木掌子（2016）「性別違和を持つ子どもへの心理的支援」（精神療法，第42巻第1号，24-29頁を加筆修正）

高石浩一（2016）「学生相談におけるセクシュアル・マイノリティ」（精神療法，第42巻第1号，30-34頁を加筆修正）

林直樹（2016）「ゲイ／レズビアンのライフサイクルと家族への支援」（精神療法，第42巻第1号，35-41頁）

松髙由佳（2016）「同性愛とクリニカル・バイアス」（精神療法，第42巻第1号，42-47頁を加筆修正）

佐々木掌子（2022）セクシュアル・マイノリティとレジリエンス（「セクシュアル・マイノリティ」臨床心理学，第22巻第2号，177-182頁を加筆修正）

林直樹（2018）セクシュアル・マイノリティとセックス（「セクシュアルマイノリティとセックス」精神療法，第44巻第5号，634-638頁）

平田俊明（2016）「日本における「同性愛」のstigmatizationの歴史」（精神療法，第42巻第1号，48-53頁を加筆修正）

スティーブン・E・フィン（訳：中村伸一）（2016）「セクシュアル・マイノリティのクライアントを恥意識の視点から援助する」（精神療法，第42巻第1号，54-60頁）

葛西真記子（2018）「セクシュアル・マイノリティへの精神療法における倫理」（精神療法，第44巻第1号，77-78頁）

遠藤まめた（2016）「LGBTの子どもたちにとってのエンパワメント」（精神療法，第42巻第1号，64-65頁）

小原圭司（2016）「同性愛に関して知っておきたい歴史上の事実」（精神療法，第42巻第1号，68-70頁）

山中康裕（2016）セクシュアル・マイノリティへの私の理解と支援（「セクシャル・マイノリティへの私の理解と支援」精神療法，第42巻第1号，66-67頁を加筆修正）

■執筆者一覧（執筆順）

中村伸一　　（なかむら・しんいち）中村心理療法研究室
佐々木掌子　（ささき・しょうこ）　明治大学
針間克己　　（はりま・かつき）　　はりまメンタルクリニック
東　優子　　（ひがし・ゆうこ）　　大阪公立大学
葛西真記子　（かさい・まきこ）　　鳴門教育大学
高石浩一　　（たかいし・こういち）京都文教大学
林　直樹　　（はやし・なおき）　　東京武蔵野病院／しらかば診療所
松髙由佳　　（まつたか・ゆか）　　県立広島大学
平田俊明　　（ひらた・としあき）　東洋大学保健管理室／平カウンセリングルーム
スティーブン・E・フィン（Stephen E Finn）Asian Center for Therapeutic Assessment, Tokyo
遠藤まめた　（えんどう・まめた）　一般社団法人にじーず代表
小原圭司　　（こばら・けいじ）　　社会医療法人正光会松ヶ丘病院／大阪商業大学
山中康裕　　（やまなか・やすひろ）京都ヘルメス研究所／京都大学名誉教授

〈座談会〉
長野　香　　（ながの・かおり）　　（認定）特定非営利活動法人SHIP

■編著者略歴

中村伸一（なかむら・しんいち）
　　1975 年　順天堂大学医学部卒業　医学博士
　　1978 年　同医学部精神医学教室卒後研修プログラム終了
　　1989 年　中村心理療法研究室開設，現在に至る
　　日本家族研究・家族療法学会前会長
　　米国家族療法アカデミー正会員
　　アジア家族研究・家族療法協会副会長・理事
　　日本思春期青年期精神医学会運営委員・編集委員
　　包括システムによる日本ロールシャッハ学会元理事
　　Asian Center for Therapeutic Assessment : Executive Director
　著訳書
　『家族療法の基礎』P．バーカー（監訳）金剛出版，1993
　『家族療法の視点』金剛出版，1997
　『まずい面接―マスター・セラピストたちが語る最悪のケース』カールソンら（監訳）
　　金剛出版，2009
　『家族・夫婦面接のための 4 ステップ―症状からシステムへ』ミニューチンら（監訳）
　　金剛出版，2010
　『家族・夫婦臨床の実践』金剛出版，2011
　『家族療法テキストブック』（分担）金剛出版，2013
　『ステップファミリーをいかに生き，育むか―うまくいくこと，いかないこと』（監訳）
　　金剛出版，2015
　『家族の心理―変わる家族の新しいかたち』（分担）金剛出版，2017
　『複雑性 PTSD の臨床―"心的外傷～トラウマ"の診断力と対応力を高めよう』（分担）
　　金剛出版，2021

平田俊明（ひらた・としあき）
　　1990 年　米国シアトル大学人文学部卒業（心理学専攻）
　　1991 年　上智大学外国語学部英語学科卒業
　　1999 年　千葉大学医学部医学科卒業
　　2002 ～ 2010 年　淀川キリスト教病院精神神経科（附属クリニック　こころの診療科）
　　　　　　　　　勤務
　　2006 ～ 2010 年　京都文教大学臨床心理学部臨床心理学科専任講師
　　2007 年～ 2018 年　しらかば診療所精神科勤務
　　2010 年～ 2017 年　はりまメンタルクリニック勤務
　　2012 年～現在　東洋大学（保健管理室／医務室）勤務
　　2015 年　平カウンセリングルーム開設，現在に至る
　著書
　『セックス・カウンセリング入門　改訂第 2 版』（分担）金原出版，2005 年
　『医療・看護スタッフのための LGBTI サポートブック』（分担）メディカ出版，2007 年
　『「ハートをつなごう」LGBT BOOK』（共著）太田出版，2010 年
　『死を育てる』（分担）ナカニシヤ出版，2012 年
　『セクシュアル・マイノリティへの心理的支援』（共著）岩崎学術出版社，2014 年

セクシュアル・マイノリティ（LGBT）への
理解と支援

2024年11月1日　印刷
2024年11月10日　発行

編著者　中村伸一・平田俊明
発行者　立石正信
装丁　戸塚泰雄（nu）
装画　millitsuka
組版　古口正枝
印刷・製本　モリモト印刷
株式会社　金剛出版
〒112-0005　東京都文京区水道1-5-16
電話03（3815）6661（代）
振替00120-6-34848

ISBN978-4-7724-2070-9　C3011　　　　　　　　　　　　Printed in Japan ©2024

JCOPY 〈（社）出版者著作権管理機構 委託出版物〉
本書の無断複製は著作権法上での例外を除き禁じられています。複製される場合は，そのつど事前に，出版者著作権管理機構（電話03-5244-5088，FAX 03-5244-5089，e-mail: info@jcopy.or.jp）の許諾を得てください。

性暴力被害の心理支援

［編著］＝齋藤 梓　岡本かおり

●A5判　●並製　●248頁　●定価 **3,520** 円
● ISBN978-4-7724-1922-2 C3011

性犯罪や性暴力の被害に遭った方を支援する際に，
知っておくべき基礎的な知識や
心理支援の基本を，
架空事例をとおして詳述する。

性暴力被害の実際
被害はどのように起き，どう回復するのか

［編著］＝齋藤 梓　大竹裕子

●四六判　●並製　●228頁　●定価 **3,080** 円
● ISBN978-4-7724-1767-9 C3011

「性暴力とは何か」。
被害当事者の人生に及ぼす影響，
回復への道のり，必要な支援を，
被害当事者の視点から明らかにする。

性の教育ユニバーサルデザイン
配慮を必要とする人への支援と対応

［著］＝小栗正幸　國分聡子

●B5判　●並製　●228頁　●定価 **3,080** 円
● ISBN978-4-7724-1808-9 C3037

配慮を必要とする人へは
性について，何をいつ教えるの？
その疑問に，具体的な支援方法を通して答える
性の教育ガイドブック！

価格は10%税込です。

トラウマにふれる
心的外傷の身体論的転回

［著］=宮地尚子

●四六判 ●上製 ●352頁 ●定価 **3,740** 円
● ISBN978-4-7724-1770-9 C3011

薬物依存，摂食障害，解離性障害，
女性への性暴力，男児への性虐待の臨床現場で
トラウマと向き合う精神科医の，
思索の軌跡と実践の道標。

複雑性 PTSD の理解と回復
子ども時代のトラウマを癒すコンパッションとセルフケア

［著］=アリエル・シュワルツ
［訳］=野坂祐子

●A5判 ●並製 ●190頁 ●定価 **3,080** 円
● ISBN978-4-7724-1884-3 C3011

複雑性 PTSD の症状や
メカニズムをわかりやすく説明し，
自分へのコンパッション（思いやり）に焦点をあてた
セルフケアのスキルを紹介する。

複雑性 PTSD とは何か
四人の精神科医の座談会とエッセイ

［著］=飛鳥井望　神田橋條治　高木俊介　原田誠一

●四六判 ●上製 ●204頁 ●定価 **2,860** 円
● ISBN978-4-7724-1890-4 C3011

『複雑性 PTSD の臨床』の発刊に併せて行われた
四人の精神科医による座談会の記録と
書き下ろしエッセイを収録。
複雑性 PTSD に関する最新の正確な知識・経験を読者に提供する。

価格は 10%税込です。

誰でもできる！
アサーティブ・トレーニング ガイドブック
みんなが笑顔になるために

[著]=海原純子

●四六判 ●並製 ●144頁 ●定価 **2,420** 円
● ISBN978-4-7724-1714-3 C3011

アサーティブとは相手も自分も
OK というゴールを目指す
コミュニケーションのことである。
トレーニングを重ねて自分のものにしよう！

感じやすいあなたのための
スピリチュアル・セルフケア
エンパスとして豊かに生きていく

[著]=ジュディス・オルロフ
[監修]=串崎真志　[訳]=浅田仁子

●A5判 ●並製 ●392頁 ●定価 **4,180** 円
● ISBN978-4-7724-2008-2 C0011

一日一ページ，読むと心が楽になる。
感じやすい人の心の平穏のために，
セルフケアの実践・視点や瞑想を 365 日提供する。

HSPと心理療法
繊細なクライエントとの治療効果を向上させるために

[著]=エレイン・N・アーロン
[監修]=髙橋亜希　[訳]=久保言史

●A5判 ●並製 ●368頁 ●定価 **4,400** 円
● ISBN978-4-7724-2036-5 C3011

臨床現場において，HSP の特性を持つ人は
まだ誤解されている部分がたくさんある。
本書は正しい知識も含めた
HSP への対応ガイドブック。

価格は 10％税込です。

セルフ・コンパッション 新訳版
有効性が実証された自分に優しくする力

［著］=クリスティン・ネフ
［監訳］=石村郁夫　樫村正美　岸本早苗　　［訳］=浅田仁子

●A5判　●並製　●322頁　●定価 **3,740** 円
● ISBN978-4-7724-1820-1 C3011

セルフ・コンパッションの実証研究の
先駆者である K・ネフが，
自身の体験や学術的知見などを
踏まえて解説した一冊。新訳版で登場！

コンパッション・マインド・ワークブック
あるがままの自分になるためのガイドブック

［著］=クリス・アイロン　エレイン・バーモント
［訳］=石村郁夫　山藤奈穂子

●B5判　●並製　●380頁　●定価 **3,960** 円
● ISBN978-4-7724-1804-1 C3011

コンパッション・マインドを育てる
具体的なステップと方法が学べる，
コンパッション・フォーカスト・セラピーの
実践「ワークブック」。

トラウマへのセルフ・コンパッション

［著］=デボラ・リー　ソフィー・ジェームス
［訳］=石村郁夫　野村俊明

●A5判　●並製　●280頁　●定価 **4,180** 円
● ISBN978-4-7724-1670-2 C3011

トラウマを克服し，
望ましい人生を手に入れるための
実践的な方法を，多くの事例と
エクササイズを通して紹介する。

価格は 10%税込です。

親子は生きづらい
"トランスジェンダー" をめぐる家族の物語

［著］＝勝又栄政

●四六判　●並製　●376頁　●定価 **3,740** 円
● ISBN978-4-7724-1934-5 C3036

トランスジェンダーの「僕／わたし」と
母が肉声で語る,
家族の生きづらさの物語
（座談会＝清水晶子・東畑開人／解説＝佐々木掌子）。

マインドフル・セルフ・コンパッション
批判的な内なる声を克服する

［著］＝カレン・ブルース
［監訳］＝岩壁 茂　［訳］＝浅田仁子

●A5判　●並製　●180頁　●定価 **2,970** 円
● ISBN978-4-7724-2067-9 C3011

セルフ・コンパッションを身につけることは,
自分自身の成長に繋がる。
人生をもっとラクに生きていくための
「術」を獲得しよう。

トラウマセンシティブ・マインドフルネス
安全で変容的な癒しのために

［著］＝デイビッド・A・トレリーヴェン
［訳］＝渋沢田鶴子　海老原由佳

●A5判　●並製　●272頁　●定価 **3,520** 円
● ISBN978-4-7724-1903-1 C3011

「現在にとどまれ」とマインドフルネスは言う。
トラウマは人を「苦痛に満ちた過去に連れ戻す」。
瞑想とトラウマの微妙な関係。

価格は10%税込です。